Wolfgang Kopp

Tao Chan

Der aktive Zen-Weg

Wolfgang Kopp

Tao Chan

Der aktive Zen-Weg

Unterweisungen eines westlichen Zen-Meisters

Ansata-Verlag
Rosenstraße 24
CH-3800 Interlaken
Schweiz
1994

Deutsche Erstveröffentlichung 1994

Gesamtherstellung: Kösel GmbH & Co., Kempten/Allgäu

ISBN 3-7157-0182-X

Inhalt

Vorwort der Herausgeber 7
1 Fließe mit dem Tao 11
2 Die Praxis des Zen 25
3 Der aktive Zen-Weg. 37
4 Der Weg des Feuerlotus 51
5 Das Schwert des Gewahrseins. 61
6 Die Illusion der Vielheit 75
7 Hindernisse auf dem Weg zur Erleuchtung 85
8 Der einzige Weg. 97
9 Ihr seid Buddhas 105
10 Laß dich nicht verwirren 115
11 Stirb, ehe du stirbst 125
12 Der Weg und das Ziel sind eins 135

Allen meinen Schülern, die an der Fertigstellung und Herausgabe dieses Buches beteiligt waren, sei herzlich gedankt.

In liebevoller Dankbarkeit widme ich dieses Buch meinem 1977 verstorbenen Meister Soji Enku Roshi.

Wolfgang Kopp

Vorwort der Herausgeber

Dieses Buch enthält eine Reihe von Vorträgen, die Zen-Meister Wolfgang Kopp im Frühjahr 1994 im Wiesbadener Tao Chan Zentrum gehalten hat.

Aus dem reichen Schatz seiner Erfahrung schöpfend, zeigt uns Meister Kopp den Weg zur Selbstfindung. Was er lehrt, ist keine weltabgewandte Spiritualität, sondern die Verwirklichung der Erleuchtung mitten in einem bewegten Leben. Es ist jene ursprüngliche, lebendige Form des Zen, die mit dem heutigen vermarkteten japanischen Zen-Buddhismus recht wenig zu tun hat. Die Art seiner Vermittlung entspricht in ihrer kraftvollen, direkten Weise vielmehr jener der alten chinesischen Chan-Meister.

Was Wolfgang Kopp lehrt, ist alles andere als ein theoretisches System, und es ist auch kein weltflüchtiger Sitzdogmatismus. Ganz im Gegenteil: Tao Chan, «der aktive Zen-Weg», ist der direkte, dynamische und allumfassende Weg zur Selbstverwirklichung mitten im Alltag, «mitten im Trubel der Welt». Meister Kopp lehrt, daß die Erlösung nicht erst in einem Jenseits stattfindet, sondern hier und jetzt, mitten in unseren alltäglichen Pflichten verwirklicht werden kann. Ihm geht es darum, daß wir über die Welt der Gegensätze hinausgelangen, so daß wir fähig werden, spirituelles Leben und aktives Leben in der Welt als eine einzige Wirklichkeit zu erfahren. Immer wieder weist er darauf hin, daß Meditation und Leben im Alltag sich nicht gegenseitig ausschließen, sondern eine untrennbare Einheit sind.

Wolfgang Kopps humorvolle und zugleich kraftvolle, direkte Art der Vermittlung verleiht seinen Vorträgen eine ungeheure Lebendigkeit. Seine energiegeladenen Worte sind erfüllt von solch einer geistigen Kraft, daß sie uns tief in unserem Innersten zu treffen vermögen. In jedem Satz spürt man die Verwirklichung eines großen Erleuchteten. Das Buch lehrt uns auf eine Weise, als ob wir unter der persönlichen Anleitung eines spirituellen Meisters stünden. Wir erfahren, so unmittelbar wie das in einem Buch nur möglich ist, jene verständnisvolle Liebe und geistige Kraft, die sonst nur in der direkten Gegenwart großer erleuchteter Meister spürbar werden.

Was diesem Buch seinen besonderen Wert verleiht, ist, daß es uns einen Weg weist, der auch für uns heutige Menschen gangbar ist, ohne unser aktives Leben in der Welt aufgeben zu müssen. Deshalb sind wir davon überzeugt, daß dieses Buch für viele ernsthaft geistig Suchende die Erfüllung eines lang gehegten Wunsches bedeutet. Und so schätzen wir uns glücklich, dieses Praxisbuch des aktiven Zen herausgeben zu dürfen.

Möge dieses Buch in die Hände all jener gelangen, die geistig reif sind für die Lehren eines großen spirituellen Meisters unserer Zeit.

Juli 1994

Die Herausgeber
Tao Chan Zentrum Wiesbaden

Es ist nicht notwendig, das Handeln abzulehnen und die Stille zu suchen.

Mach dich einfach innerlich leer und bring dich in Übereinstimmung mit dem Äußeren. Dann wirst du auch im hektischen Treiben der Welt in Frieden sein.

Yüan-wu

1

Fließe mit dem Tao

Das strahlende Licht des Geistes – die Wirklichkeit eures Wahren Seins – ist stets gegenwärtig. Aber dieses euer ursprüngliches Erleuchtetsein ist verdeckt von einer Fülle von Konditionierungen, das heißt von tiefverwurzelten Denkgewohnheiten und Verhaltensmustern. Doch in dem Augenblick, wenn die Gedanken schwinden, dann schwinden all diese Überdeckungen, und der verborgene Geist, der stets gegenwärtig war, offenbart sich als euer ursprüngliches Wahres Seins.

Um aber zu dieser Dimension des Seins zu gelangen, ist es notwendig, daß ihr bei allen euren Tätigkeiten des täglichen Lebens stets bestrebt seid, im Gewahrsein des Geistes zu sein. Und so sagt auch der chinesische Zen-Meister Ying-an (12. Jh.):

> Wenn du den verborgenen Geist des Zen sehen möchtest, so ist das sehr leicht. Sei stets gegenwärtig, so daß du bei allem, was du auch gerade tun magst, im Gewahrsein des Geistes bist – auch beim Essen, Trinken und Reden, ja in allen noch so hohen Anforderungen, die der Umgang mit der Welt an dich stellt.

Diese Form des Praktizierens unterscheidet sich von der allgemeinen spirituellen Praxis dadurch, daß sie mitten in der Welt, *mitten im Alltag* gelebt wird. Es geht im Zen nicht um ein Praktizieren von religiösen Übungen, es geht auch nicht um ein Sich-Aneignen von philosophischem Wissensstoff, sondern – wie das Wort Zen schon sagt – es geht um ein Sich-Versenken in das, was *ist,* das heißt: in die Wirklichkeit des Einen Geistes. Aber diese Wirklichkeit ist nicht etwas, was ihr erlangen könnt, was ihr ergreifen könnt. Darum heißt es im Zen: Es gibt nichts zu erreichen, es gibt nichts zu erlangen.

Nun könnte einer fragen, warum komme ich dann hierher? Ich komme ja eigentlich hierher, um im Zen Fortschritte zu machen. Und wenn es jetzt heißt, es gibt überhaupt nichts zu erreichen, dann wäre ja mein Kommen umsonst. Nun, dann sage ich: Richtig, so ist es. Denn derjenige, der glaubt, daß er etwas erhalten könnte, daß es irgend etwas zu erreichen gäbe oder daß ich ihm irgend etwas geben könnte, was ihn weiterbringt, der kommt wirklich umsonst. Denn ein wahrer Zen-Meister, der es wirklich gut mit dir meint, wird dir niemals etwas geben. Ganz im Gegenteil: Der Meister hat immer nur *ein* Anliegen, und das ist – dir alles zu nehmen, was die Wirklichkeit deines Wahren Selbst-Seins überdeckt. Und dies heißt: Der Meister bemüht sich mit allen ihm zur Verfügung stehenden Mitteln, dich von allem – was es auch sei – radikal zu befreien.

Die ganze Welt, alles was ihr wahrnehmt, ist der Eine Geist, ist nur *Eine Wirklichkeit*. Alle Vielheit ist Illusion. Diese Eine Wirklichkeit kann aber nur dann erfahren werden, wenn all das, was die Wirklichkeit des Einen Geistes *nicht* ist, fällt. Aber wie kommt man dahin? Was ist der Weg zu dieser Dimension, zu solch einer gigantischen Erfahrung, daß man die Wirklichkeit des Göttlichen Seins ständig und überall erlebt? Dieser

Weg zur Erfahrung deines Wahren Angesichts vor deiner Geburt, dieser Weg zur Erleuchtung ist nichts anderes als *der alltägliche Weg.*

Erinnern wir uns an das Mondo von dem Mönch, der zu Zen-Meister Nansen kommt und ihn fragt: «Was ist der wahre Weg?» Und Meister Nansen antwortet: «Der alltägliche Weg ist der wahre Weg.» Der ganz alltägliche Weg ist der wahre Weg. Also kannst du diesen wahren Weg überall gehen und zu jeder Zeit. Mit anderen Worten: Die allem zugrundeliegende Wirklichkeit des Göttlichen Seins offenbart sich mitten im Alltag. Du brauchst nicht nach Asien zu reisen, um dort in einem buddhistischen Kloster zu leben. Du brauchst dich auch nicht in eine stille Waldeinsamkeit zurückzuziehen. Überall, mitten in der Welt, bei den profansten Tätigkeiten, die ihr euch überhaupt nur denken könnt, offenbart sich die ganze Göttliche Herrlichkeit. So sagt ja auch Zen-Meister Lin-chi (9. Jh.), der Dharma-Nachfolger von Huang-po:

> Der wahre Zen-Weg ist ganz einfach und bedarf keiner Mühe. Er besteht im Alltäglichen und hat kein Ziel: scheißen, pissen, sich anziehen, essen und schlafen, wenn man müde ist. Die Einfältigen mögen mich auslachen – die Weisen wissen Bescheid.

Das wird manche Menschen schockieren, und sie werden sagen: Wie kann das denn Religion sein? Aber ich sage euch: Das ist wirkliche Religion. Da beginnt Religion. Das Wort Religion ist abgeleitet von dem lateinischen Wort *religare* und bedeutet: sich rückverbinden mit dem Göttlichen. Doch diese Rückverbindung mit dem Göttlichen ist nur dann eine Rückverbindung, wenn du bei allem, was du tust, offen bist zu dieser Wirklichkeit des Göttlichen Seins hin, so daß sie stets durch dich hindurch strahlt. Dann erkennst du dich in deinem wahren, ungeborenen Göttlichen Sein.

Im Zen ist es oft so, daß man dieses und jenes behandelt, der Meister erklärt verschiedene Dinge, und der Schüler versucht in gewohnter Weise zu verstehen. Er versucht zu verstehen, indem er sich bemüht, das Gehörte in Bezug zu setzen zu Vorausgegangenem, zu vorher Gewußtem und Verstandenem, um aus dieser Gleichung heraus zu einem Verständnis des Gesagten zu kommen. Das ist alles schön und gut. Doch Zen sprengt diesen ganzen logischen Dualismus.

(Der Meister hebt seinen Stock hoch.) Wer mir sagen kann, wo bei diesem Stock oben und unten ist, der braucht sich keine weitere Dharma-Predigt mehr anzuhören. Wer das wirklich weiß, der kann sofort aufstehen, rausgehen an die Garderobe, sich anziehen und sagen, heute war ich das letzte Mal hier, denn ich bin der Buddha aller Buddhas der Vergangenheit, Gegenwart und Zukunft. Nun, wer weiß es? Ein Schüler meldet sich und sagt: «Da ist oben.» (Dabei deutet er auf den oberen Teil des senkrecht hochgehaltenen Stocks.) – «Wieso ist da oben?» – «Weil da unten ist.» (Er deutet auf den unteren Teil des Stocks.) – «Wieso ist da oben, und wieso ist da unten?» – «Weil alles so ist, wie es ist.»

Das ist ein tausend Jahre alter Pfirsichkern und hat mit der Sache nichts zu tun. In Bezug auf das «allgemeine» Zen-Verständnis kann man die Antwort noch gelten lassen, aber das *wahre* Zen geht weit darüber hinaus. Es gibt kein Oben und es gibt kein Unten. Alles ist ein allumfassendes Ganzes, das alles in sich beschlossen hält. Und somit ist das Oben und das Unten jene Spitze einer Stecknadel, in der das ganze Universum enthalten ist. Alles ist jene raum-zeitlose Dimension, in der die ganze Geschichte des Universums stattfindet. Es ist vergleichbar mit einem Traum, in dem alles, was man erlebt, im Geist stattfindet, und somit dieser Geist selbst ist.

Jede begriffliche Benennung ist nur eine hilfsmäßige Benennung. Wenn ich sage: dies ist ein Stock, und euch frage: wo ist da oben und unten? Dann liegt schon in der Bezeichnung «Stock» das Problem. Das «oben und unten», das darf euch gar nicht berühren. Von dem «oben und unten» dürft ihr euch nicht irritieren lassen. Allein, wenn ich sage, das ist ein Stock, ist das schon falsch. Ich könnte ja auch sagen, das ist ein Huhn. Warum soll das kein Huhn sein? Warum soll das keine Klangschale sein? Warum keine brennende Kerze oder ein alter Autoreifen?

All diese Unterscheidungen sind willkürliche, begriffliche Benennungen, die wir Menschen im alltäglichen Sprachgebrauch anwenden. Ohne sie gäbe es überhaupt keine Möglichkeit der Kommunikation, keine Möglichkeit, Wünsche und Vorstellungen auszudrücken. Es wäre nicht möglich, in der Dimension der Vorstellung einer äußeren Erscheinungswelt zu leben. Mit anderen Worten: Die ganze Erscheinungswelt, in der wir leben, ist nichts anderes als eine Ansammlung von Begriffen. Es sind alles nur Begriffe, willkürliche Benennungen, mit denen sich das reflektierende, unterscheidende Bewußtsein so sehr identifiziert, daß es den Begriff für das Ding an sich hält. Weil man es so gewohnt ist, weil es schon immer so war und irgendwann einmal der Begriff Stock aufkam für irgendeinen Holzstab, schon sagt man: Das ist ein Stock. Aber das ist nur ein Begriff. Und so gibt es einen Irrwald von Begriffen, in dem die Menschen gefangen sind.

Demzufolge kann die Befreiung aus dem Samsara, die Befreiung aus dem Gefangensein in einer vielheitlichen, äußeren Erscheinungswelt niemals eine Befreiung sein, die in der äußeren Erscheinungswelt beginnt. Weil die äußere Erscheinungwelt nichts anderes ist als eine Sichtbarwerdung von Vorstellungen, die in dem Prozeß der Ideation des Bewußtseins als äußere Dinge und Wesen wahrgenommen werden. Also kann es das nicht sein. Darin kann die Befreiung nicht liegen. Die Befreiung von der äußeren Erscheinungswelt kann demzufolge nur darin liegen, daß ihr zu einer Befreiung von der «Verbegrifflichung» kommt. Mit den Worten Huang-pos: «Alles begriffliche Denken ist eine irrtümliche Meinung; darum werft die Dunkelheit eurer alten Begriffe fort.» Und so geht es nur darum, daß ihr euch befreit von dem begrifflichen Denken.

Aber wenn ich von der Loslösung, von der Befreiung vom begrifflichen Denken spreche, kann es natürlich geschehen, daß der eine oder andere denkt: Ach so, jetzt darf ich gar nicht mehr denken. Soll ich das Denken jetzt ganz aufgeben? Aber das ist vollkommen falsch gedacht. Es geht nicht darum, das Denken aufzugeben, sondern sich vom Denken zu befreien heißt: sich zu befreien von dem verselbständigten Denken, vom «Denk-Zwang». Es geht also letztlich darum, daß das Denken euch nicht beherrscht und sich verselbständigt, und somit Gedankenketten entstehen. Davor warnt auch der chinesische Zen-Meister Ta-hui (12. Jh.):

> Verbegrifflichung ist ein tödliches Hindernis für einen Zen-Schüler, gefährlicher als Giftschlangen oder wilde Tiere. Menschen von starkem Intellekt sind immer wie besessen von dem Wunsch, alles in gedankliche Begriffe umzusetzen; sie können in allen ihren Tätigkeiten sich niemals ganz davon frei machen. Monate und Jahre vergehen, und dieses ihr Verlangen wird nur immer stärker. Ohne es zu wissen, werden der Geist und die Verbegrifflichung schrittweise zu einer Einheit. Wer sich davon freimachen will, entdeckt, daß es unmöglich ist.

Aber wie kommt man zur Loslösung vom Denk-Zwang, zur Loslösung von der Verselbständigung des Denkens? Der Weg dahin ist der Weg der Nicht-Unterscheidung. Denn alles begriffliche Denken ist Folgeerscheinung der Tendenz des Verstandes, die Dinge zu unterscheiden; zu unterscheiden zwischen oben und unten, richtig und falsch, gut und böse. Das zeigt uns auch die Geschichte von Adam und Eva im Garten Eden, wie wir sie aus dem Alten Testament kennen.

Adam und Eva durften von allen Früchten essen, nur nicht die Äpfel eines ganz bestimmten Apfelbaumes. «Denn wenn ihr von diesem Baum eßt», sprach Gott, «dann fallt ihr in die Unterscheidung, dann werdet ihr unterscheiden zwischen gut und böse.» Das ging eine Zeit gut, bis sie der Versuchung nicht mehr widerstehen konnten. Es erhob sich in ihnen die Tendenz des Ergreifens, ausgelöst durch die «Schlange des Nicht-Wissens». Adam und Eva beißen hinein in den Apfel der Unterscheidung – und schon sind sie im Annehmen und Verwerfen. Und als Gott durch den Garten Eden geht, verstecken sie sich sofort im Gebüsch. Als er dann ruft: «Adam, Eva, wo seid ihr?», binden sie sich schnell große Feigenblätter um, weil sie erkennen, daß sie nackt sind. Und so sind sie in der Dualität und unterscheiden zwischen richtig und falsch, gut und böse, zwischen schön und häßlich. Vorher war alles wunderbar für sie, da gab es weder nackt noch nicht nackt. Alles war gut, so wie es war. Doch auf einmal ist die Unterscheidung da, und somit sind sie herausgefallen aus ihrem ursprünglichen, reinen Zustand des nicht unterscheidenden Einen Geistes.

Das ursprüngliche Zen, so wie es die alten chinesischen Meister des Tao Chan gelehrt und gelebt haben, ist ein sehr kraftvolles und lebendiges Zen, das sich über jede Form von Unterscheidung erhebt, so wie der Adler über die Wolken. Und wenn «Nicht-Unterscheidung» das wesentliche Element des Zen ist, dann wird sich ein wahrer Mensch des Zen nicht in ein Kloster verkriechen und nur noch auf seinem Kissen sitzend gegen die Wand glotzen und meinen, das sei echte Zen-Praxis. Sondern er wird erkennen, daß es darauf ankommt, diese Nicht-Unterscheidung mitten in der vielheitlichen Welt, mitten in der Außen-Welt zu leben, das heißt mitten in der Welt der Unterscheidung.

Man kommt natürlich im alltäglichen Leben immer wieder in Situationen, wo man gefordert ist, zu denken, zu unterscheiden und zu handeln, obwohl Zen sagt: «Alles Denken ist eine irrtümliche Meinung, und wer unterscheidet zwischen Ja und Nein verfehlt die Wahrheit.» Und jetzt sollst du in der Nicht-Unterscheidung und im Nicht-Denken mitten in der vielheitlichen Welt der Unterscheidung und des Denkens sein, und zugleich frei sein von allem. Doch genau das ist es. Genau das ist *wahre Zen-Praxis:* daß du frei bist von allem und mitten durch die Welt der Begierden hindurch den Weg des Feuerlotus gehst. Im Shodoka, einem chinesischen Zen-Text aus dem 8. Jahrhundert, heißt es:

> Darin bewährt sich die Kraft der wahren Weisheit, daß man gerade inmitten aller Begierden den Weg des Zen ausübt. Jene Lotusblüte, die aus dem Feuer emporblüht, ist ewig unverwelklich.

Dieser Weg des Feuerlotus ist der Weg jenseits der Unterscheidung, jenseits von Ja und Nein, von Leben und Tod. Es gibt Situationen, wo du handeln mußt. Es gibt Situationen, wo etwas an dich herantritt und du auch als ein Mensch der Nicht-Unterscheidung ganz klar erwägen mußt, «soll ich es jetzt so oder so machen». Da ist es wichtig, daß du ganz klar die Dinge siehst und daß du ganz klar die Situation durchschaust und erkennst, was die Lösung des Problems ist. Und dann (Der Meister stößt mit seinem Stock auf den Boden.) – handelst du. Dann hast du im «nicht unterscheidenden Denken», im Denken ohne zu denken und ohne anzuhaften, die Situation gemeistert. Und das wird immer mehr zu deiner Gewohnheit werden. Es wird so zu deiner Gewohnheit werden, daß dies in allen Situationen, auch wenn sie noch so plötzlich und unvorhergesehen eintreten, geschieht. Dann handelst du ganz spontan und unbewußt – aus dem Bauch heraus, wie es im Zen heißt. Das ist wirkliche Zen-Praxis.

Dies gilt ebenso für das Za-Zen, das Sitzen in Versenkung auf dem Meditationskissen. Lernt, bei euch selbst zu verweilen. Wenn Gedanken und Vorstellungen kommen, schaut einfach nur hin, kämpft nicht dagegen an, ergreift nicht, analysiert nicht und laßt euch nicht davon wegziehen. Bleibt in eurer Mitte! Dann seid ihr im Selbst-Gewahrsein des Geistes, und so könnt ihr euch über die Macht des Denkens – des Beherrschtseins vom Denken – erheben.

Ich sage immer wieder, es ist sehr wichtig, daß ihr ganz spontan und natürlich seid bei allem, was ihr tut. Wenn wir uns manchmal in der Stadt begegnen, dann sehe ich oft nur zwei Extreme in eurem Verhalten. Entweder sitzt ihr da und sagt gar nichts und bemüht euch, euer Gewahrsein des Geistes festzuhalten, oder wenn ihr redet, dann redet ihr über dies und das und jenes, und auf einmal ist das Gewahrsein ganz weg. Und dann fangt ihr an zu quasseln und zu plappern, als ob ihr noch nie etwas gehört hättet vom geistigen Weg. Doch die Mitte zwischen beiden Extremen ist es. Daß du redest und handelst, doch dabei im Gewahrsein bleibst und dich nicht wegziehen läßt. Daß du vollkommen klar bist, gelöst, entspannt und heiter. Daß du lachst und dich freust, wenn es der Situation entspricht, und wenn es notwendig ist, auch ernst bist.

Es gibt nicht nur das Viel-Reden und Viel-Denken oder das Gar-Nichts-Reden und Nichts-Denken. Es geht in unserer Praxis des Tao Chan darum, daß du lebendig wirst. Das ist sehr wesentlich. Denn wie kannst du hoffen, daß du im Augenblick deines leiblichen Todes in das ewige Leben eingehst, wenn du *hier* nicht lebst, wenn du *hier* schon tot bist? Wie kannst du dann hoffen, nach deinem Tod zum Großen Leben zu gelangen? Wenn du leben willst, mittendrin im Großen Leben, so mußt du *jetzt* leben und dich jetzt-hier darauf einlassen. Dies heißt: gegenwärtig sein, achtsam sein und dabei gleichzeitig – sehr, sehr wichtig, was jetzt kommt – *absichtslos sein!*

Absichtslosigkeit ist das wesentliche Wort der Tao Chan Praxis. Absichtslosigkeit ist jene Geisteshaltung, die als Grundgedanke des Taoismus in dem einen Wort *«Wu-wei»* zum Ausdruck kommt. *Wu-wei* heißt Nicht-Tun. Im Sinne des Taoismus ist dieses Nicht-Tun aber niemals ein «Nichts-Tun», bei dem man einfach nur passiv da sitzt und denkt: Jetzt sitze ich hier und tue gar nichts, und da ich gar nichts tue, kann ich letztlich auch nichts falsch machen, also bin ich im *Wu-wei*. Das ist ein gewaltiger Irrtum. Denn Wu-wei bedeutet, daß du so im Einklang bist mit dem universellen Gesetz und mit allem, was geschieht, mit jeder Situation, mit der du konfrontiert bist, daß dein ganzes Handeln zu einem «Handeln ohne zu handeln» wird. Zur Veranschaulichung dieser vom Taoismus geprägten friedfertigen Geisteshaltung möchte ich euch folgende Geschichte erzählen:

Der berühmte Schwertmeister Bokuden wurde einst während einer Bootsfahrt von einem hitzigen Samurai zum Kampf gefordert. Er entgegnete, seine Kunst bestehe darin, andere nicht zu besiegen, aber auch nicht besiegt zu werden – zu siegen, ohne das Schwert zu ziehen. Der Samurai bestand aber auf seiner Herausforderung, und Bokuden schlug vor, den Zweikampf auf einer kleinen Insel auszutragen, damit die anderen Bootsinsassen nicht gefährdet würden.

Als das Boot die Insel erreichte, sprang der hitzige Samurai sofort an Land und zog mit einem wilden Kampfesschrei seine Waffe. Bokuden aber überreichte dem Bootsmann sein Schwert, nahm ihm dann plötzlich das Ruder ab und stieß das Boot wieder in den See hinaus. «Das heißt Siegen ohne Schwert!» rief er dem verblüfft zurückbleibenden Samurai zu.

Hier kommt das Prinzip des Wu-wei, Nicht-Tun als Nicht-Kämpfen, voll zur Geltung. Bokuden besiegte den kampfeswütigen Samurai, ohne auch nur sein Schwert zu ziehen. Lao-tse (6. Jh. v. Chr.) nennt dies:

> Vorgehen, ohne sich zu bewegen,
> abwehren, ohne die Arme zu heben,
> zurückwerfen ohne Angriff,
> erobern ohne Waffen...
> Darum:
> Wo sich die Waffen gegeneinander erheben,
> siegt stets der Zurückweichende.

Der Zurückweichende siegt, indem er den Angriff des Gegners an sich vorbeilaufen läßt, so daß er sich ins Leere verliert und den Angreifer selbst zu Fall bringt.

Es geht also darum, daß du mitten in jeder Situation, wo Handeln erforderlich ist, dich so zurücknimmst, daß die universelle Wirk-Kraft des Tao durch dich hindurch wirkt, so daß dein ganzes Tun zu einem «Handeln ohne zu handeln» wird. Lao-tse sagt: «Tut einer das Nicht-Tun, dann ist alles wohlgetan.» Das heißt: Handelt einer und bleibt dabei im Nicht-

Tun, dann ist das rechtes Handeln im Einklang mit dem universellen Gesetz des Tao.

Die Taoisten sprechen von einem Mitfließen mit dem Tao. Deshalb ist für sie das Wasser auch das Lieblingssymbol für das Tao. Es steht für Stärke in scheinbarer Schwäche, es zeigt uns das Fließen des Lebens und auch das Sich-Anpassen an den Wandel der Natur. In seiner charakteristischen Eigenart des Umgehens und Zurückweichens ist das Wasser zugleich ein Symbol für Gewaltlosigkeit. Deshalb sagt Lao-tse:

> Das Wasser ist wie das Tao ...
> Es nützt den abertausend Wesen
> und streitet nicht.

Für Lao-tse ist das Wasser der Schlüssel zur Wandlung aller Dinge, und nur wer mit seinen Prinzipien umzugehen weiß, steht im Einklang mit Himmel und Erde und weiß in rechter Weise zu handeln.

Das Tao ist wie das Wasser. Willst du im Einklang sein mit dem Tao, mußt du mitfließen und darfst dich nicht herausnehmen aus dem Ganzen. Du darfst dich nicht herausnehmen aus dem universellen Gesetz, indem du meinst: «Was habe ich mit der Welt zu tun, für mich gibt es nur noch den geistigen Weg, nur noch Meditieren, heilige Schriften lesen, und sonst nichts.» Nein, *mitfließen!* Aber das Tao offenbart sich nicht nur – wie viele «Pseudo-Taoisten» unserer Zeit glauben – in der schönen Natur, in einer schönen Landschaft, wo ein Bergbach rauscht und schöne alte Bäume mit dicken Wurzeln stehen, so daß ihr sagt, ah, eine taoistische Landschaft.

Nein! Mitten im Lärm eines Rummelplatzes (Der Meister stößt mit seinem Stock auf den Boden.) –, dort offenbart sich das Tao. Mitten auf dem Frankfurter Kreuz, zur Hauptverkehrszeit, wo Tausende von Autos durch die Gegend rasen, dort ist das Tao. – Natürlich auch im Wald. Natürlich auch in der Stille. Das Tao offenbart sich überall. In jeder Erscheinungsweise des alltäglichen Lebens offenbart sich das universelle Gesetz des Tao, du brauchst dich nur darauf einzulassen. Du brauchst keine besonderen Gelegenheiten oder Orte herbeizusehnen.

Wenn du da, wo du gerade bist, ganz da bist und dich ganz einläßt auf die Wirklichkeit des unmittelbaren Seins, – dann erfährst du das Tao. Ob du dein Auto wäschst, ob du zu Hause dein Mittagessen kochst oder was du auch machst und wo du auch bist, überall und in allem offenbart sich die Göttliche Wirklichkeit. Wenn du dich ganz darauf einläßt und bei dir selbst bleibst – Körper, Atem und Geist gesammelt –, in dem Augenblick wirst du erkennen, daß es nicht auf die Tätigkeit ankommt, sondern auf dein Bewußtsein, auf deine *Bewußtheit* während der Tätigkeit.

Und so stehst du mittendrin im *Bodhimandala,* in dem multidimensionalen Erleben der allumfassenden Ganzheit des Seins, die das ganze Universum durchdringt. Nirvana ist stets gegenwärtig, wenn *du* gegenwärtig bist. Wenn du gegenwärtig bist, dann ist alles da. Wenn du nicht gegenwärtig bist, sondern im Da und Dort, dann bist du in der Vielheit. Und Vielheit heißt: viele Gedanken, viele Begriffe, und somit viele Unterscheidungen. Und so sind wir wieder zum Ausgangspunkt unserer Betrachtung zurückgekehrt.

Bringen wir alles zusammen mit einem Satz von Huang-po, den ihr vielleicht schon tausendmal von mir gehört habt, aber ich sage euch eins – ich habe ihn noch hunderttausendmal zu wenig gesprochen:

> Wenn die Gedanken sich erheben, dann erheben sich alle Dinge; und wenn die Gedanken schwinden, dann schwinden alle Dinge.

Wenn sich die Gedanken erheben, dann erheben sich alle Dinge, und somit alle eure Probleme. Und wenn die Gedanken schwinden, schwinden eure ganzen Probleme, und die Wirklichkeit des strahlenden, ungeborenen, todlosen Selbst-Geistes, die hinter dieser vermeintlichen Vielheit stets gegenwärtig war, offenbart sich in ihrer ganzen Herrlichkeit. Das ist euer ursprüngliches Angesicht vor eurer Geburt.

2

Die Praxis des Zen

Ein Mönch kommt zu Zen-Meister Joshu und sagt: «Meister, ich bin noch neu hier im Kloster und möchte euch bitten, mich zu unterweisen.» Joshu fragt ihn: «Hast du schon gefrühstückt?» – «Ja, Meister.» – «Gut, dann geh, und wasch deine Eßschalen.»

Joshu (chin. Chao-chou) lebte im 9. Jahrhundert und war einer der bedeutendsten Zen-Meister Chinas. Er war der Dharma-Nachfolger von Zen-Meister Nansen und soll ein sehr hohes Alter von 120 Jahren erreicht haben. Joshus Art, seine Schüler zu unterweisen, ist bekannt als «Joshus Lippen-Zen», denn er beantwortete die Fragen seiner Schüler mit einfachen, kurzen Aussagen und ruhiger, leiser Stimme. Seine Worte waren jedoch von großer Kraft; es heißt, daß sie – wie ein scharfes Schwert – das Rankengewirr des begrifflichen Denkens seiner Schüler durchzutrennen vermochten.

Eines Tages kommt ein Mönch zu Joshu und sagt: «Meister, ich bin noch neu hier im Kloster und möchte euch bitten, mich zu unterweisen.» Der Mönch hat das ehrliche Anliegen, den Zen-Weg zu gehen, und wir können davon ausgehen, daß sein Verlangen nach Unterweisung bestimmt sehr groß ist. Deshalb geht er zu Joshu und fragt ihn nach der Wahrheit des Zen. Doch Joshu antwortet nur mit der Frage: «Hast du schon gefrühstückt?» Mit dieser ungewöhnlichen Antwort trifft der alte Meister den Nagel der gegenwärtigen Situation genau auf den Kopf. Aus seinen Worten strahlt das liebende Mitgefühl eines großen Buddha. Der Mönch hätte sich in diesem

Moment vor Joshu verneigen sollen, und vielleicht hätte sich dabei sein Dharma-Auge geöffnet. Welch ein Jammer, daß er blind und taub war.

Da der Mönch nicht versteht, was Joshu wirklich meint, kann man sagen: «Er sitzt auf dem schönsten Pferd und weiß es nicht zu reiten.» Und so antwortet er auf die Frage: «Hast du schon gefrühstückt?» mit: «Ja, Meister.» Und Joshu sagt: «Gut, dann geh, und wasch deine Eßschalen.» Eine wunderbare Antwort – eine ausgezeichnete Unterweisung.

Der Mönch möchte die Wahrheit des Zen verstehen, um zur Erleuchtung zu gelangen. Aber Zen sagt: «Der Weg und das Ziel sind eins.» Der Weg und das Ziel sind nicht zwei voneinander getrennte Dinge. Deshalb ist es vollkommen falsch, wenn du glaubst den Weg gehen zu können in der Hoffnung und Erwartung auf ein Ziel hin. Darum heißt es: «Suchst du das Tao, dann schau unter deine Fußsohlen.»

Das Tao liegt direkt unter deinen Fußsohlen. Aus dem Grund lege ich beim Kin-hin (dem Za-Zen im Gehen) immer besonderen Wert auf absolute Präsenz, wenn du deine Füße auf den Boden aufsetzt. Laufe wie ein Tiger im Dschungel, lautlos mit sicherem Schritt, den Schwerpunkt in den Unterleib verlagert. Sei voller Energie und Stabilität, und bleibe doch gelöst und entspannt. Nimm ganz bewußt die Berührung der Fußsohlen mit dem Boden wahr. Stirb hinein in jeden Schritt! Denke nicht an den vorausgegangenen und nicht an den nachfolgenden. Wesentlich ist nur dieser eine Schritt, jetzt-hier (Der Meister schlägt die Klanghölzer zusammen.), und dann dieser Schritt (Wieder schlägt der Meister die Klanghölzer zusammen.), und dann dieser Schritt (wieder die Klanghölzer) – und sonst nichts. Nur dies.

Und wenn du diesen einen Schritt tust – jetzt, hier –, dann ist der Schritt, der vorher war, gestorben, und für den folgenden Schritt gibt es keine Garantie, daß er überhaupt kommt. Es kann sein, daß es eine Explosion gibt und alles in die Luft fliegt. Du weißt nicht einmal, ob du noch einen einzigen Atemzug in deinem Leben machen kannst. Niemand kann dir das garantieren. Also geht es nur darum, daß du den Weg *jetzt* gehst.

Den Weg zu gehen bedeutet, sich auf die Wirklichkeit des Hier und Jetzt einzulassen. Denn da die Wirklichkeit die allumfassende Ganzheit ist, umfaßt sie alle drei Zeiten – Vergangenheit, Gegenwart und Zukunft – in einem einzigen «HO!!!» (Der Meister schlägt die Klanghölzer zusammen.) Das ist das «Jetzt»! Hier fällt alles in einem Punkt zusammen. Aus dem Grund sagt Joshu: «Geh, und wasch deine Eßschalen.» Mit anderen Worten: Steh hier nicht so nutzlos herum, und plappere nicht so dumm daher, sondern tu das, was die augenblickliche Situation erfordert. Dies ist weit besser als eine Diskussion auf falschen Begriffen aufzubauen, das heißt, gehirnakrobatische Verrenkungen zu fabrizieren und intellektuellen Sperrmüll aufzuhäufen. Denn alles begriffliche Denken ist eine irrtümliche Meinung, und das Nichtbezweifeln von Worten ist eine große Krankheit.

Alles spekulative, philosophische Denken hat nur einen hinführenden und somit relativen Wert. Ob ihr die heiligen Schriften der Upanishaden lest, die Schriften der buddhistischen Hua-yen Philosophie, die Advaita-Vedanta-Schriften oder die buddhistischen Sutras, all das sind nur Finger, die auf den Mond weisen. Doch wenn ihr euch entschlossen habt, den Zen-Weg zu gehen, und jetzt hierher kommt zu einem Zen-Meister, dann müßt ihr das alles loslassen. Es muß überstiegen werden. Also, wo du auch stehst – steig höher hinauf. Selbst wenn du mal «geblinzelt» hast, wie es im Zen heißt, und hast eine mystische Erfahrung, vielleicht ein *Kensho* erlebt – geh weiter! Hierzu sagt der chinesische Zen-Meister Han-shan (17. Jh.):

> Viele von denen, die Zen praktizieren, erlangen oft nur eine oberflächliche Verwirklichung ohne Tiefe. Das Schlimmste aber ist, mit solch einer kleinen, an der Oberfläche bleibenden Realisation zufrieden zu sein.

Die alten chinesischen Zen-Meister des Tao Chan haben niemals so ein großes Getue um kleine *Kensho*-Erfahrungen gemacht, wie das heute in japanischen Zen-Klöstern üblich ist. Wenn heutzutage einer mal nur so ein kleines Blinzeln erlebt, dann wird ihm dort gleich die Erleuchtungsurkunde, *Inka-Shomei,* verliehen. Nicht umsonst sagte mein Meister Soji Enku öfters: «Heutzutage ist es fast eher möglich, eine Stecknadel im Heuhaufen zu finden, als einen wirklich erleuchteten Zen-Meister in Japan.» Und der kürzlich verstorbene japanische Zen-Meister Kôun Yamada schrieb in seinem Vorwort zum Mumonkan: «Es ist keine Übertreibung zu behaupten, daß Zen in Japan dabei ist, vollständig auszusterben. So traurig es ist – dies ist die tatsächliche Situation.»

Eines Tages hatte ich nach dem Za-Zen bei Soji Enku, mitten während des Dharma-Vortrags, eine Kensho-Erfahrung. Anschließend, als der Meister wieder in seinem Zimmer war, ging ich strahlend und von großer Freude erfüllt zu ihm hin. Soji Enku schaute mich nur an und erkannte sofort, was geschehen war. Nachdem er mir einige Fragen gestellt hatte, die ich alle beantwortete, sagte er: «Aha, ein *Kensho.*» Dann, nach einem kurzen Moment des Schweigens sagte er: «Wirf's weg, es ist nichts Besonderes. Doch wenn du es festhältst, dann wird's was Besonderes. Wenn du an solch einer Erfahrung festhältst, dann wird sie zu einer Daseinsfessel, die dich gerade an das festbindet, wovon du dich befreien möchtest.» Doch nun kommen wir wieder zurück zu Zen-Meister Joshu und den Eßschalen des Mönchs.

Zen-Meister Joshu fragt: «Hast du schon gefrühstückt?» – «Ja, Meister.» – «Gut, dann geh, und wasch deine Eßschalen.»

Das ist es – *«geh, und wasch deine Eßschalen»*. Jetzt, sofort. Halte dich nicht unnötig auf mit unlösbaren, philosophischen Problemen. Laß dich unmittelbar auf den gegenwärtigen Augenblick ein, und du wirst erfahren, was die Wahrheit des Zen ist. Dieses Einlassen muß aber von solch radikaler Art sein, daß du alles – was es auch sei – hinter dir läßt, alle Verhaltensmuster und Denkmodelle, einfach alles. Befrei dich von allem! Das ist der Weg des Zen. Hier-jetzt gegenwärtig sein und sich versenken in das, was *jetzt* ist. Nur in diesem Jetzt erfahrt ihr die Dimension der grenzenlosen Wirklichkeit des Einen Geistes.

Eines Tages kam ein anderer Schüler zu Meister Joshu und fragte ihn: «Welches Zen wurde damals von Bodhidharma aus Indien nach China gebracht?»

Joshu antwortete: «Was hat es für einen Sinn, über eine solch alte Geschichte zu sprechen? Was ist in diesem Augenblick *dein* Zen?»

In diesem Augenblick – genau an diesem Ort – offenbart sich die Wahrheit des Zen. Sie liegt weder in der Vergangenheit noch in der Zukunft. Das Hier und Jetzt ist die Ewigkeit selbst, und Zeit ist nichts anderes als «Folgeerscheinung des Denkens», und somit «Illusion». Im allgemeinen seid ihr davon überzeugt, daß die Zeit in einer geraden Linie verläuft, von der unendlichen Vergangenheit zur unendlichen Zukunft hin. Auf dieser geraden «Zeitlinie» lebt ihr euer Leben und teilt es ein in vorher und nachher, lang und kurz. Doch die Vergangenheit ist schon vorüber, und die Zukunft existiert noch nicht. Vergangenheit und Zukunft sind nichts anderes als Gedanken, die im gegenwärtigen Moment im Geist erscheinen. Jetzt mögt ihr vielleicht einwenden: «Ja, aber wir sehen doch alte Denkmäler und Gebäude, die in der Vergangenheit gebaut wurden.» Doch diese Gebäude und Denkmäler bestehen in der *Gegenwart,* und wenn ihr denkt, sie seien alt, so ist dies nichts weiter als ein *gegenwärtiger Gedanke* in eurem Kopf. Die Erfahrung von Zeit ist demzufolge nichts anderes als Denken, und «alles Denken ist eine irrtümliche Meinung», und somit ist Zeit nicht existent. Der chinesische Zen-Meister Huang-po (9. Jh.) drückt es folgendermaßen aus:

> Sobald Gedanken aufsteigen, verfällst du dem Dualismus. Anfanglose Zeit und der gegenwärtige Augenblick sind das gleiche. Es gibt kein Zuvor und kein Danach. Nur wegen deines Nicht-Wissens unterscheidest du zwischen beiden. Würdest du verstehen, wie könnte es dann noch eine Unterscheidung geben. Diese Wahrheit verstehen, nennt man die vollkommene unübertroffene Erkenntnis.

Erst hinter allem Denken, und somit jenseits der Illusion von Raum und Zeit, offenbart sich euer ursprüngliches Angesicht vor eurer Geburt. Diese stets allgegenwärtige Wirklichkeit eures Seins könnt ihr aber nur dann erfahren, wenn ihr euch ganz auf das «Hier und Jetzt» einlaßt. Laßt euch ein auf das Jetzt! Seid *jetzt* in *diesem* Augenblick wirklich *hier,* ohne Gedanken, ohne Begriffe und ohne Vorstellungen! Sterbt ganz hinein in diesen Augenblick. Dies ist der Weg des direkten, augenblicklichen Erfassens der Wirklichkeit, so wie sie ist.

Seid nicht fixiert, sondern natürlich und spontan. Doch sagt nicht: «So, jetzt bin ich ganz entspannt im Hier und Jetzt», denn in dem Augenblick seid ihr schon wieder fixiert, seid ihr schon wieder im Denken. Laßt euch nur ganz auf den gegenwärtigen Augenblick ein – hier, jetzt! Und haltet nichts fest.

Macht auch nicht den Fehler, euch an der Stille festzuhalten, so daß ihr die äußeren Geräusche als Störung empfindet. Wenn ihr einen Ton hört – dann seid ganz der Ton. Werdet selbst zum Geräusch eines vorüberfliegenden Flugzeugs, werdet zum Bellen des Hundes und zum Gesang des Vogels. Was es auch sei, es ist alles das Eine. Der Wahrnehmende, der Wahrnehmungsprozeß und das Wahrgenommene, alles ist *eine einzige* Wirklichkeit. Alles, was ihr wahrnehmt, sind nur Wellen eures eigenen Geistes, und demzufolge der Geist selbst. Nichts kommt von außerhalb des Geistes. Im allgemeinen glaubt ihr, euer Geist nehme Eindrücke und Erfahrungen von außen auf, aber das ist ein gewaltiger Irrtum. Die Wahrheit ist, daß der Geist alles umfaßt; wenn ihr meint etwas von außen wahrzunehmen, bedeutet dies nur, daß es in eurem Bewußtsein erscheint. Was ihr als außerhalb von euch wahrnehmt, kann euch nicht beunruhigen. Ihr selbst aktiviert die Wellen in eurem Geist. In einem alten Mahamudra-Text des Orgjenpa heißt es:

> Es gibt keine Erscheinungen, die nicht Geist sind. Deine gewohnheitsbedingten Wahnideen existieren nicht wirklich. Alles ist gleichwertig im Geist. Die wahre Natur ist in sich selbst leer und ungeboren wie der Himmelsraum.
>
> Erscheinungen sind Geistesregungen. Hältst du sie für real, wirst du von den Erscheinungen des Geistes getäuscht. Die Scheinwelt ist das Spiel des Geistes: Haftest du daran, wirst du von den Eigenerscheinungen des Geistes getäuscht. Alles ist nur ein illusorisch-magisches Schauspiel.

Wenn euer Bewußtsein nicht fixiert ist, dann gibt es keine dualistische Interpretation der Aktivitäten eures Geistes. Dann erkennt ihr, daß all die Aktivitäten nur Wellen auf der Oberfläche eures Geistes sind.

Wenn ihr beim Za-Zen auf eurem Meditationskissen sitzt und es erheben sich die Wellen des Denkens, dann schaut die Gedanken einfach nur an. Fangt nicht an zu analysieren, wo sie herkommen und wo sie hingehen, und versucht nicht, sie zu unterdrücken. Seid ohne Bezugnahme. Nur einfach hinschauen. In dem Augenblick können sie sich nicht mehr halten: Denn die Gedanken werden durch das Ergreifen und Verdrängen aktiviert und verfestigen sich nur, wenn ihr Bezug dazu nehmt. Dann bilden sich Gedankenketten. Wenn ihr aber im Gewahrsein des Geistes seid, lösen sich die Gedanken auf, und ihr verweilt in der heiteren Klarheit des Geistes.

Wenn die Gedanken sich erheben, dann erheben sich alle Dinge, und wenn die Gedanken schwinden, dann schwinden alle Dinge. Das heißt: Wenn die Gedanken sich erheben, dann erheben sich auch alle Gefühle; und wenn die Gefühle sich erheben, geht die Weisheit ein. Gedanken sind Bewegungen im Geist. Wenn du aber nur hinschaust, sie einfach nur wahrnimmst, ohne Bezugnahme, dann lösen sie sich auf. Deshalb sagt Pai-chang, der Meister von Huang-po:

> Wenn dein Geist sich bewegt, so folge ihm nicht, und er wird sich von der Bewegung loslösen. Und wenn dein Geist auf irgend etwas ruht, so folge ihm nicht, und er wird sich von dem loslösen, worauf er ruht.

Also bleibt bei euch selbst. Dieses Bei-sich-selbst-Verweilen geschieht jedoch, wie ich eben sagte, nicht durch gewaltsame Anstrengung. Die grundlegende Geisteshaltung des Tao Chan ist: Anstrengungslosigkeit und Absichtslosigkeit. Sei einfach ganz natürlich und absichtslos. In diesem absichtslosen Gewahrsein zeigt sich die wahre Natur deines ungeborenen und todlosen Geistes. Dann wird sich dein Wahres Sein offenbaren in seiner allumfassenden Ganzheit, das ganze Universum durchstrahlend mit seinem grenzenlosen Licht.

Dies ist die Wirklichkeit des Seins. Die Frage von Geburt und Tod ist mit einem Schlag gelöst, denn dort, wo die grenzenlose Dimension, die Ewigkeit sich offenbart, da gibt es kein Davor und kein Danach. Du kommst nirgendwo her und gehst nirgendwo hin.

Es ist ein großer Irrtum zu glauben, daß du irgendwann einmal geboren wurdest und irgendwann einmal sterben wirst. Es ist ein großer Irrtum zu glauben, daß es eine Vielheit von Wesen und Dingen gibt. Es ist ein großer Irrtum zu glauben, daß die ganze Menschheitsgeschichte irgendwann einmal einen Anfang hatte. Denn alles ist nur ein Traum, ohne jede Wirklichkeit. Deshalb sagt der chinesische Zen-Meister Hanshan:

> Diejenigen, die entschlossen sind, den Dharma zu üben, sollten unerschütterlich an die Nur-Geist-Lehre glauben. Nichts existiert außerhalb des Geistes. Der Zen-Schüler sollte sein früheres Wissen und Verstehen vollständig aufgeben. Gelehrtheit und Klugheit helfen hier nichts. Er sollte auf die Welt wie auf eine Sinnestäuschung blicken.
>
> Was er sieht, sind Luftspiegelungen, Bilder, gleich dem Mond, der sich im klaren Wasser spiegelt. Die Töne, die er hört, sind Lieder des Windes, der durch die Bäume bläst. Er sollte alle Erscheinungen wie Wolken sehen, die am Himmel vorüberziehen – vergänglich und unwirklich wie im Traum. Nicht nur die äußere Welt, sondern alle gewohnten Gedan-

> ken, die Leidenschaften, alle Wirrnisse und Begierden unseres Geistes sind gleichermaßen ohne Substanz, nicht konkret, sondern wurzellos und fließend.

Die Praxis des Zen ist der Weg, diesen ganzen Traum zu durchschauen. Es geht in erster Linie darum, daß du in diesem Traum zu einem hellklaren Gewahrsein kommst und dich «jetzt-hier» ganz einläßt auf das, was *jetzt* ist. Die Grundvoraussetzung dazu ist: gelöst und entspannt sein in heiterem Gewahrsein des Geistes bei allem, was du tust. Doch sowie du dich anstrengst und dieses Gewahrsein «machen willst», erzeugst du Spannung. Denn Spannung ist gehemmtes Wollen. Sowie du gelöst und entspannt im heiteren Gewahrsein sein «willst» – in dem Augenblick geschieht das Gegenteil. «Dort, wo du dich findest, da laß dich», sagt Meister Eckhart. Und alles ist wunderbar.

Nichts ist wichtig angesichts der Gegenwart des Todes. Weil dem so ist, ist es wesentlich, sich bewußt zu sein, daß alles, was euch als wichtig erscheint, in dem Augenblick, wenn es ans Sterben geht, vollkommen ohne Belang ist. Nichts bleibt. Noch nicht einmal die Erinnerung bleibt. Alles löst sich auf. Deshalb seid hellklar bewußt mitten im Traum einer vielheitlichen, äußeren Erscheinungswelt.

Jeder Mensch, der sich wirklich ernsthaft auf dem geistigen Weg bemüht, hat die Möglichkeit, zu solch einer spirituellen Verwirklichung zu gelangen, daß er im Augenblick des Todes die Erleuchtung erfahren kann. Das ist ein ganz wesentlicher Punkt. Es gibt aber auch Menschen, denen die Gnade zuteil wurde, die Erleuchtung während des Lebens zu erfahren. Sie sind dadurch berufen, anderen den Weg zur Befreiung zu weisen.

Sterben heißt aber nicht nur, daß du hier in der Welt lebst

und irgendwann der Moment des Todes kommt und du dann stirbst. Denn jeder Augenblick ist ein Sterben. Ständig stirbt etwas. Alles – was es auch sei – unterliegt dem Gesetz der Vergänglichkeit. Ständig seid ihr konfrontiert mit dem Sterben und immer mit der Möglichkeit anzuklammern oder loszulassen.

Zen ist die Praxis des Sich-Einübens in das Sterben, des Sich-Einübens in das Loslassen. Zen sagt: «Stirb, während du lebst, und sei ganz tot; und dann tu, was immer du willst, und alles ist gut.» In diesem Vollzug des mystischen Sterbens löst sich die Unterscheidung zwischen Leben und Tod auf. *Nirvana* und *Samsara* offenbaren sich als die Eine Wirklichkeit. Und das *Sukhavati*-Paradies des Amitabha, des Buddhas des grenzenlosen Lichtes, offenbart sich dort, wo du gerade bist. Jetzt, hier, offenbart sich das strahlende Lotusland.

3

Der aktive Zen-Weg

Viele haben Angst, ihren Geist leer zu machen. Sie fürchten, in die Leere zu fallen, und wissen nicht, daß ihr eigener Geist die Leere ist. Der Unwissende enthält sich der Erscheinungen, aber nicht der Gedanken; der Weise enthält sich der Gedanken, nicht aber der Erscheinungen. (Zen-Meister Huang-po, 9. Jh.)

Das ist eine sehr wesentliche Textstelle, denn sie sagt sehr viel aus über die allgemeine Denk- und Verhaltensweise eines Zen-Praktizierenden. «*Viele haben Angst, ihren Geist leer zu machen*», sagt Huang-po. Was heißt das, «den Geist leer machen?» Von was soll man den Geist leer machen? Von *allem,* was es auch sei, heißt es im Zen. Von allen Vorstellungen, Begriffen und Konditionierungen – das heißt von Verhaltensmustern und Denkmodellen; von all dem muß der Geist befreit werden. Von allen Bewußtseinsinhalten, mit denen ihr euch im allgemeinen identifiziert.

Im Tao Chan, dem ursprünglichen Zen, geht es einzig und allein um die Erfahrung des ungeborenen, strahlenden Selbst-Geistes. Um diesen Geist zu erfahren, die Wirklichkeit eures wahren *Göttlichen Selbst,* bemüht ihr euch eifrig mit vielerlei Methoden. Durch dieses Bemühen, durch die Anwendung von allen möglichen spirituellen Praktiken erreicht ihr jedoch nur, daß sich viele Gedanken und Vorstellungen auf der Oberfläche des Geistes aktivieren. Das haltet ihr dann für das wahre spirituelle Leben und meint, das wäre echte Zen-Praxis. Und jetzt kommt der Zen-Meister und sagt: «Laß das alles los. Du mußt alles loslassen, radikal. *Befrei dich von allem!»*

Während der Meditation, während dem *Za-Zen* kann es geschehen, daß sich plötzlich und unverhofft solch ein Moment der Loslösung ereignet. Doch in dem Augenblick aktiviert sich sofort – als Schutzmechanismus des Ego – der Prozeß der Anklammerung, im Sanskrit *Ahamkara* genannt. *Ahamkara* heißt wörtlich: «Ich-Macher». Er aktiviert das unterscheidende, begriffliche Denken, das die Vorstellung schafft, ein einmaliges, von allen anderen getrenntes Wesen zu sein. Durch diese Dualität der Subjekt-Objekt-Beziehung erhebt sich dann die Wahnvorstellung einer vielfältigen, äußeren Erscheinungswelt, mit der starken Tendenz des Anklammerns an diese.

Ihr identifiziert euch mit euren Bewußtseinsinhalten und meint – das sei eure Wirklichkeit. In dem Augenblick, wenn aber plötzlich keine Bewußtseinsinhalte mehr da sind und ihr für einen kurzen Moment an den Grenzbereich der Leere des Geistes kommt –, dann klammert ihr euch fest. Ihr klammert euch sofort fest an eurem alltäglichen intellektuellen Gewohnheitsmüll, mit dem ihr euch identifiziert. Ihr klammert euch fest, weil ihr glaubt, daß diese ganze Ansammlung von Körperlichkeit, Empfindungen, Wahrnehmungen, Geistesregungen und Bewußtsein, gesellschaftlichen Werten und äußerem Besitz eure Persönlichkeit sei. Deshalb sagt Huang-po:

Sie fürchten, in die Leere zu fallen, und wissen nicht, daß ihr eigener Geist die Leere ist.

So groß ist die Verblendung, daß ihr – wenn die grenzenlose Leere des Geistes, die Wirklichkeit des Göttlichen Seins aufstrahlt – euch sofort festklammert und zurückwendet zu eurem begrenzten Gewohnheitsdenken, und somit das Göttliche flieht. Dies geschieht auch im Augenblick des Todes, wenn ihr euren Körper verlaßt. Das *tibetische Totenbuch* sagt: «Dann strahlt das Licht des *Dharmakaya*, das Licht des Göttlichen Seins, auf.»

Doch nur die allerwenigsten werden in diesem Augenblick fähig sein, loszulassen und sich diesem *Dharmakaya Licht,* dem aus sich selbst strahlenden Geist, zu überantworten. Stattdessen wird das Bewußtsein im *Bardo,* dem Zwischenzustand zwischen Tod und Wiedergeburt, gemäß seiner Konditionierungen und seiner selbsterzeugten raum-zeitlichen Begrenzung, eine Vielzahl von Erscheinungen projizieren. Dies geschieht solcherart, daß er gar nicht mehr unterscheiden kann, ob sie wirklich oder nicht wirklich sind – so wie im Traum –, und er wird davon weggezogen werden.

Sie fürchten, in die Leere zu fallen, und wissen nicht, daß ihr eigener Geist die Leere ist.

Diese Leere, dieser Eine Geist ist das geburt- und todlose Göttliche Selbst. Es ist diese *Eine* Wirklichkeit, die euch in allen Dingen begegnet: in jedem Stein, in jeder Blume, in jedem Schmetterling, in jeder alten Blechdose, in jedem Hundescheißhaufen, überall. Das ist die Ganzheit von allem. Das ist die totale Harmonie – weder heilig noch nicht heilig. «Offene Weite, nichts von heilig», sagt Bodhidharma, der erste Patriarch des Zen.

Die Angst, den Geist leer zu machen, ist Folgeerscheinung der Identifikation und der daraus resultierenden Anhaftung. Doch in dem Augenblick, wenn ihr erkennt, daß – wie ich eben sagte – alle Erscheinungen, das ganze Universum, alles, was es auch sei, die *Göttliche Wirklichkeit,* der *Eine Geist* in der Erscheinungsweise gerade dessen ist, was euch erscheint: Was gibt es da zu fürchten? Dieser Eine Geist ist *die Quelle allen Lebens:* Er ist das Leben, das allem Leben Leben gibt, und somit das Leben selbst. Doch das, womit ihr euch identifiziert und woran ihr festklammert im Augenblick, wenn diese Quelle des Lebens, diese absolute Glückseligkeit sich auch nur für einen kurzen Moment offenbart, – das ist der «Tod»! Das ist die Vergänglichkeit, das ist die Illusion, der Traum, das Nicht-Wissen, das ist der «Wahnsinn»!

In dem Augenblick, wenn die grenzenlose Weite des Geistes – die *Upanishaden* nennen sie *Sat-Chit-Ananda:* absolutes Sein, absolutes Bewußtsein, absolute Glückseligkeit –, wenn sich diese unendliche Dimension offenbart: Was gibt es da zu fürchten? Was gibt es zu fürchten, wenn sich die Dimension der absoluten Göttlichen Geborgenheit offenbart?

Ich möchte es euch anhand eines Erlebnisses aus meiner Kindheit veranschaulichen: Als ich ein kleines Kind war, nahm mich mein Vater oft mit in den Garten. Seitlich des Weges gab es eine hohe Mauer, und da es mir Spaß machte, darauf zu laufen, stellte mich mein Vater oben drauf. Jedesmal wenn die Mauer zu Ende war, stand er dann vor mir, die Arme ausgebreitet, und ich bin voll Vertrauen hineingesprungen, hinein in die rettenden väterlichen Arme.

Viele haben Angst, ihren Geist leer zu machen. Sie fürchten, in die Leere zu fallen, und wissen nicht, daß ihr eigener Geist die Leere ist.

Der eigene Geist und die grenzenlose Weite des Einen Geistes sind nicht verschieden – sie sind ein und dieselbe Wirklichkeit. Um aber zur Erfahrung dieser Dimension zu kommen, ist es notwendig, zu einer Geisteshaltung zu gelangen, in der man nicht mehr Sklave des begrifflichen Denkens ist. Das Denken an sich ist weder positiv noch negativ. Gedanken kommen, Gedanken gehen. Doch in dem Augenblick, wenn die Gedanken sich «verselbständigen», bilden sich Gedankenketten. Und dann seid ihr in der Anhaftung, dann seid ihr in der Vergangenheit und in der Zukunft, und ihr seid aus eurer Mitte herausgefallen. Deshalb ist es von grundlegender Wichtigkeit, zu einer Bewußtseinsverfassung des ständigen Gewahrseins des Geistes bei allen euren Tätigkeiten zu kommen. Der tibetische Mahamudra-Meister Milarepa (12. Jh.) sagt:

> Ob du gehst, sitzt oder schläfst, immer blicke auf deinen Geist, pausenlos und ohne Unterbrechung; das ist eine Übung, die die Mühe lohnt.

Nur wenn ihr wirklich frei werdet von den Zwängen des begrifflichen Denkens und eure Gedanken an nichts mehr anhaften, was es auch sein mag, werdet ihr zu einem wahren Zen-Verständnis gelangen. Die Wahrheit des Zen kann sich nur in einem Geist entfalten, der völlig befreit ist vom begrifflichen Denken. Doch jede Unterscheidung zwischen diesem und jenem macht euch zu Sklaven eurer selbstverursachten geistigen Projektionen.

Wer glaubt das unaussprechliche Geheimnis seines Seins mit Hilfe des Intellekts und durch Gelehrsamkeit lösen zu können, der wird sich nur immer weiter von der Wahrheit entfernen. Erst wenn der Geist vom Rankengewirr des unterscheidenden, begrifflichen Denkens gereinigt ist, wird sich das leuchtende Strahlen des unbefleckten Einen Geistes offenbaren.

Der Unwissende enthält sich der Erscheinungen, aber nicht der Gedanken; der Weise enthält sich der Gedanken, nicht aber der Erscheinungen,

heißt es bei Huang-po weiter. Die meisten Menschen glauben, religiöse Praxis bestehe darin, der Welt zu entsagen; daß man sich zurückzieht von der «bösen Welt» mit ihren «Versuchungen und Zerstreuungen» und nur noch ein Leben der Besinnung und der Meditation, ein sogenanntes kontemplatives Leben lebt. Und so ziehen sich viele zurück in eine Eremitage, in ein Kloster oder sitzen bloß noch zu Hause auf dem Meditationskissen und meinen, das sei jetzt spirituelles Leben.

In der Praxis des Tao Chan, des aktiven Zen, geht es jedoch darum, daß ihr euch mitten im Trubel des Lebens auf alle Situationen einstellen und entsprechend handeln könnt – und dabei im Gewahrsein des Geistes bleibt. Denn Ruhe und Bewegung schließen sich nicht gegenseitig aus. Im Gegenteil, sie ergänzen sich und müssen deshalb als Einheit erfahren werden. Deshalb sagt der taoistische Meister Tsai-ken-tan:

> Die Ruhe in der Ruhe ist nicht die wirkliche Ruhe. Nur wenn es Ruhe in der Bewegung gibt, kann der geistige Rhythmus erscheinen, der Himmel und Erde durchdringt.

Ihr braucht nicht das Tätigsein in der Welt aufzugeben, um zur Verwirklichung zu gelangen. Seid euch stets bewußt, daß aktives Handeln in der Welt und müheloses Gewahrsein des Geistes nicht zwei verschiedene Dinge sind. Nur wenn ihr unterscheidet zwischen weltlichem und spirituellem Leben, dann macht ihr zwei daraus.

Ein echter Schüler des Zen lebt vollkommen frei in der Welt und wird von nichts aufgehalten. Inmitten aller Dinge bleibt er doch frei und unabhängig von den Dingen. Wie der Wind in den Bäumen und der Mond im Wasser befindet er sich stets in klarer Übereinstimmung mit allem. Sein Geist ist ohne Kommen und Gehen, und er hält sich bei nichts auf. Er haftet nicht an seinem Tun, sitzt aber auch nicht tatenlos herum, und so kann er inmitten aller weltlichen Bedingungen zum Wesentlichen durchdringen. Da er mitten in der Welt vollkommen frei ist, besteht für ihn auch kein Anlaß, wie der Unwissende die Welt zu fliehen.

Der Weise aber enthält sich der Gedanken, nicht aber der Erscheinungen.

Der Weise lebt mitten in der Wandelwelt. Er kommt und geht, so wie es den Erfordernissen entspricht, und ist vollkommen frei. In der chinesischen Zen-Malerei sehen wir oft einen kleinen, dicken Mann mit einem Sack über der Schulter und mit einem breiten Lachen auf dem ganzen Gesicht. Hierbei handelt es sich um Hotei, den «Lachenden Buddha», wie ihn die Chinesen nannten. Er ist die Verkörperung des im letzten der zehn Ochsenbilder dargestellten Ideals des Zen-Buddhismus. Er lebte während der Tang-Dynastie, der Zeit der Hochblüte des Zen. Hotei hatte kein Verlangen, in einem Kloster zu leben und Schüler um sich zu sammeln. Stattdessen zog er, mit seinem Sack auf dem Rücken, durch die Dörfer und verteilte Süßigkeiten an die Kinder.

> Eines Tages begegnete Hotei einem Zen-Mönch, und dieser fragte ihn: «Was ist die Bedeutung des Zen?»
> Hotei ließ sofort als stumme Antwort seinen Sack auf den Boden fallen.
> «Dann sage mir», fragte der andere, «worin besteht die Verwirklichung des Zen?»
> Sofort ergriff der Lachende Buddha seinen Sack, warf ihn sich über die Schulter und ging seines Weges, ohne sich noch einmal umzuschauen.

Der wahre Mensch des Zen geht in die Stadt unter die Menschen und lebt die Wahrheit des Zen mitten im Alltag der Welt. Er ist vollkommen frei und unabhängig und kommt und geht, so wie es ihm gefällt. Er tut dieses und jenes, er kann's aber auch sofort wieder sein lassen und etwas ganz anderes machen. Und warum ist dem so? Weil er nicht mehr Sklave seiner Konditionierungen, und somit seiner Gedanken ist. Deshalb braucht er sich auch nicht von der Welt zurückzuziehen. Ganz im Gegenteil: Er wandelt mitten in der Welt der Erscheinungen in vollkommener Freiheit und erlebt, indem er sich ganz auf die Dinge einläßt, daß *gerade* mitten in der Welt der Erscheinungen die Göttliche Herrlichkeit in ganzer Pracht aufstrahlt. *Überall* begegnet sie ihm.

Manch einer, der sich zurückgezogen hatte von der Welt und nur noch in stiller Kontemplation lebte, ist umgefallen, als er wieder mit der Welt konfrontiert wurde. Er konnte das Leben im Trubel der Welt nicht ertragen. Und warum ist dem so? Weil das Heilige und das Gewöhnliche zusammengehören und nicht getrennt werden können. *Nirvana* und *Samsara,* heißt es oft, müssen polarisiert werden. Ich aber sage euch: *Nirvana* und *Samsara* müssen nicht polarisiert werden, weil es gar nichts zu polarisieren gibt – sie sind ein und dieselbe Wirklichkeit. Das wäre genauso, als wenn ihr sagen würdet, daß das Meer und die Wellen auf der Oberfläche des Meeres polarisiert werden müssen, daß sie harmonisiert werden müssen. Welch ein Unsinn – das alles ist eine einzige Wirklichkeit.

Es geht nur um die Klarsicht, um die klare Erkenntnis. All das, was die Verblendung schafft, was die Wirklichkeit des strahlenden Selbst-Geistes überdeckt, das sind nur die dualistischen Gedanken: das Annehmen und das Verwerfen, das Unterscheiden von richtig und falsch, hätte ich, könnte ich, sollte ich, täte ich. All das muß fallen, denn alles begriffliche

Denken ist eine irrtümliche Meinung. Und dann seht ihr, daß das *Sukhavati*-Paradies, das Paradies des grenzenlosen Lichtes, in seiner ganzen Herrlichkeit schon gegenwärtig ist. Das, was ihr in jedem Augenblick vor euch habt, ist diese Wirklichkeit des Göttlichen Seins in ihrer ganzen Vollkommenheit, und es existiert nichts außer ihr. Sie ist allgegenwärtig, still und rein und offenbart sich als herrliche, geheimnisvoll friedvolle Freude. Ihr seid *mittendrin* im Paradies. Es gibt nichts zu erreichen. Ihr kommt nirgendwo her, und es gibt auch nichts, wo ihr hingehen könntet. Alles ist allerbestens und wunderbar, so wie es ist.

Wer das nicht erkennt, der kommt ins Grübeln und fängt an zu unterscheiden. Dann fängt er an zu jammern und zu klagen und sagt: Ich habe den Eindruck, daß ich stehenbleibe auf dem geistigen Weg, daß ich keinen Fortschritt mache. Woran liegt das? Es liegt daran, daß du projizierst, und diese Projektionen zwischen dir und der absoluten Wirklichkeit werden dann zu Schablonen, durch die hindurch du alles betrachtest. Alle Erscheinungen und alle Dinge nehmen dann genau diese Formen an, die du durch deine selbstprojizierten Schablonen siehst. So schaust du dann auf die grenzenlose Weite des strahlenden Selbst-Geistes und siehst nur deine eigenen projizierten Formen und meinst: So ist die Wirklichkeit.

Zen sagt: Wirf alles weg, radikal, was es auch sei. Wirf alles weg! Nur so erlangst du Befreiung. Befreiung bedeutet – wie das Wort schon sagt –, daß du dich *befreist*. Deshalb ist es auch das wesentliche Wort im Buddhismus und überhaupt in allen Religionen – es geht immer um die Befreiung. Befreie dich von allem. Wirklich den Mut haben, sich von allem zu befreien, ist der *Weg zur Erleuchtung*. Um es klar und deutlich zu sagen: Das Licht des Einen Geistes strahlt auf, wenn alles, was sich vor dem Licht befindet, alles, was es auch sei, und sei es noch so schön und heilig, wenn alles weggefegt wird. Mit den Worten von Zen-Meister Lin-chi (9. Jh.):

> Räume jedes Hindernis aus dem Weg. Wenn dir Buddha begegnet, so töte den Buddha! Nur so wirst du die Erlösung erlangen, nur so den Netzen entfliehen und frei werden.

Nun wirst du vielleicht sagen: Gut, das ist zwar nicht leicht, aber ich werde mich jetzt bemühen und «ernsthaft» den geistigen Weg gehen, um mich von allem zu befreien. Und dann wirst du mit ernster, finsterer Miene als ein sogenannter «Zen-Beflissener» durch die Gegend schleichen. Doch da bist du schon wieder im Irrtum. Solange das Universum besteht, hat es noch nie einen Menschen gegeben, der aus einem trübsinnigen «Trauerkloß-Bewußtsein» heraus zur Erleuchtung gelangt ist. Aber so wie die Ernsthaftigkeit des geistigen Strebens gern in Humorlosigkeit umschlägt, so besteht auf der anderen Seite die Gefahr, sich in das entgegengesetzte Extrem euphorischer Gefühlswallungen zu verlieren. Es ist ein verhängnisvoller Irrtum zu glauben, man könne in einem euphorischen Freudentaumel ins Nirvana hineintanzen. Menschen, die ohne rechte Anleitung eines kompetenten Meisters den geistigen Weg gehen, stehen ständig in Gefahr, sich im Strudel des euphorischen Erleuchtungsrummels unserer Zeit zu verlieren.

Die wirkliche Heiterkeit des Geistes ist der natürliche Zustand deines Wahren Seins. «Der Geist ist von strahlender Klarheit erfüllt», sagt Huang-po, «darum werft die Dunkelheit eurer alten Begriffe fort.» Und der tibetische Lama Buton sagte im 14. Jahrhundert:

> Die Heiterkeit des Geistes ist ein Mittel zur Erkenntnis der Wahrheit, denn, um diese Erkenntnis zu erlangen, muß der Geist, der unruhig und verworren gewesen ist, rein und heiter werden.

Eure ganzen Vorstellungen von der «Seriosität» des geistigen Weges, von «ernst» und «beflissen» sein usw., das sind alles nur leere Begriffe und müssen alle fallen gelassen werden. All dies muß fallen, wenn ihr zur heiteren Klarheit des Geistes gelangen wollt. «Heiterkeit ist das letzte Wort jeder *wahren* Lehre», heißt es im *Mahamudra*. Diese Heiterkeit kannst du aber nicht machen. Manchmal sage ich im Befehlston: «Wollt ihr euch wohl freuen!!! Wehe, ich erwische einen, der sich nicht freut!» Und schon lacht ihr. Würde ich aber sagen: Ich möchte euch daran erinnern, heiter zu sein, dann käme das Gegenteil dabei heraus. Aber in dem Augenblick, wenn ich das so als Abstraktion in den Raum setze: «Wollt ihr euch wohl freuen!!!», mit lauter, zorniger Stimme, und dabei mit dem Stock auf den Boden stoße, nun, dann auf einmal ist die Heiterkeit da. Seht ihr: Ihr braucht sie nur *zuzulassen*.

Wenn das Wetter heiter ist, dann hängen keine dunklen Wolken am Himmel. Heiter heißt licht und klar. Licht und klar, das ist der *ursprüngliche Zustand des Geistes*. Das ist euer Wahres Sein. Es ist aber nicht so, wie viele meinen, daß plötzlich, ohne eigenes Dazutun, die große Freude des Göttlichen Seins aufstrahlt. Denn nur, wenn ihr euch auf das *Wahre* Leben, das euch *mitten im Leben* begegnet, ganz einlaßt, dann wird die Wirklichkeit des Selbst-Geistes als die Quelle allen Lebens offenbar werden. In einer schönen idyllischen Landschaft, wie auch mitten im Getriebe der Welt, überall werdet ihr das Göttliche Leben immer mehr spüren. Es ist so wie am frühen Morgen, wenn die Sonne am Horizont aufgeht: Zuerst ist es stockfinster, dann wird es langsam heller und heller, bis die Sonne oben am Himmel steht und klar strahlt.

Die friedvolle Heiterkeit des Geistes, als euer ursprünglicher Zustand, ist stets gegenwärtig, es geht nur darum, daß ihr euch darauf einlaßt, und sie somit *zulaßt.* Dann offenbart sich das wirkliche Leben. Dann ist das Leben erst das *Wahre* Leben. Der chinesische Zen-Meister Yüan-wu (12. Jh.) gibt uns eine sehr gute Beschreibung dieses un-beschreibbaren Bewußtseinszustandes:

> Deine Existenz ist von aller Begrenzung befreit; du bist geöffnet, licht und durchscheinend geworden. Du gewinnst eine erleuchtende Schau in die wahre Natur aller Dinge, die dir jetzt erscheinen wie ebenso viele Märchenblumen ohne greifbare Wirklichkeit. Hier offenbart sich das von aller Sophistik freie Selbst, das Ursprüngliche Antlitz deines Wesens. Hier zeigt sich unverhüllt die herrliche Landschaft deiner eigentlichen Heimat.

Es ist nicht so, wie viele glauben, daß man zur Befreiung gelangen kann, indem man in der Abtötung der Sinne und des Geistes lebt. Wer so in der Abtötung des Lebens als wandelnder Leichnam durch die Gegend läuft, darf nicht hoffen, daß im Augenblick seines Todes das große Leben aufstrahlt. Das ist ein großer Irrtum. Wer hier schon tot ist in dieser Welt, der wird es auch sein in jener Welt, nachdem er seinen Leib verlassen hat. Der kann dann nicht auf das ewige, glückselige Leben hoffen.

Mein Meister Soji Enku sagte manchmal: «Ist es nicht sehr erstaunlich, daß ausgerechnet jene, die mit diesem Leben nichts anzufangen wissen, am liebsten ein ewig währendes Leben wollen?» Und auf die Frage «Gibt es ein Leben nach dem Tod – oder nicht?» antwortete er: «Gibt es ein Leben *vor* dem Tod? Das ist die entscheidende Frage.» Nur wer hier in diesem Leben wirklich lebt, der richtet sich auf das ewige, *todlose* Leben ein, und in dem Augenblick, wenn er stirbt, wird er verwandelt in das große Leben – in die *Unsterblichkeit.*

Die Erleuchteten aller Religionen verkünden, daß das Absterben von dir selbst und allen Dingen ein radikaler mystischer Tod ist. Aber zu diesem mystischen Tod kann nur derjenige gelangen, der voll glühender Begeisterung, voller Liebe und Freude zu Gott, in ihn hineinstirbt; so wie der Wassertropfen sich oben von der Wolke löst und hinunterfällt in das Meer und sich darin auflöst. So ist das. Und das soll uns auch die Kreuzigung Christi sagen: *Nur darum* geht es, um die Auskreuzung all dessen, was du *nicht* bist. Das Kreuz Christi kreuzt die ganze Wahnvorstellung eines Egowahngebildes aus.

In dem Augenblick, wenn das ausgekreuzt ist – HO!!! (Der Meister schlägt mit seinem Stock auf das Seitenpodest.), geschieht *«der Donnerschlag bei klarem, blauen Himmel».* Der Schleier der *Maya,* der die Sicht der Wahrnehmung eures Wahren Seins bisher verhindert hat – Inkarnationen lang –, zerreißt von oben bis unten und gibt das *Allerheiligste* frei.

Das Allerheiligste ist der strahlende *Eine Selbst-Geist,* es ist diese eine Wirklichkeit, in der alles beschlossen ist. Der Weg dazu ist: Seid bewußt, jetzt-hier und überall, in jeder Situation, an jedem Ort. Seid bewußt und seid eins mit dem, womit ihr gerade beschäftigt seid. Denkt nicht an vorher, denkt nicht an nachher. Das ist das Wahre Leben.

Das Wahre Leben offenbart sich nur dann, wenn du es lebst, und du lebst es nur, wenn du dich darauf wirklich einläßt und es er-lebst. Das Leben er-leben bedeutet: Leben ist nicht gestern, Leben ist nicht morgen, Leben ist *jetzt!* Also indem du jetzt-hier den gegenwärtigen Augenblick erlebst.

HO!!! (Der Meister schlägt die Klanghölzer zusammen.) Wenn du dich darauf einläßt, dann wirst du als Herr jeder Lage eins mit all den verschiedenen Umständen des Lebens. Dann ist die Sache von Leben und Tod und Loslassen am Abgrund keine Frage mehr. Ist dieses eine Problem gelöst, das du nur lösen kannst, indem du hineinstirbst in Gott, freudvoll, voller Liebe, Hingabe und Zuversicht – in dem Augenblick sind *sämtliche* Probleme gelöst.

4

Der Weg des Feuerlotus

Wenn erleuchtete Zen-Meister Anleitung für den spirituellen Pfad geben, geht es nur darum, den Geist zu klären, damit er an seinen Ursprung gelangt. Er ist vollständig gegenwärtig in einem jeden, doch die Menschen wenden sich aufgrund ihrer Einbildungen von diesem Grund des Geistes ab. (Zen-Meister Yüan-wu, 12. Jh.)

Zen-Meister Yüan-wu war einer der bedeutendsten Meister des *Chan,* des chinesischen Zen. Er ist der Herausgeber des *Bi-Yän-Lu,* der Niederschrift von der smaragdenen Felswand, einer Sammlung von hundert Koans, die zu den wichtigsten Zen-Schriften gehört. Yüan-wu sagt:

Wenn erleuchtete Zen-Meister Anleitung für den spirituellen Pfad geben, dann geht es nur darum, den Geist zu klären, damit er an seinen Ursprung gelangt.

Im Zen geht es nur darum, den Geist zu klären, so daß die ursprüngliche wolkenlose Klarheit des Geistes erfahren wird. Was sind nun aber die Wolken, die die Klarheit des Geistes verdecken? Das sind alle eure tiefverwurzelten Denkgewohnheiten und Verhaltensmuster, das ganze Erinnerungsgeflecht einer toten Vergangenheit, mit dem ihr euch identifiziert. Das alles haltet ihr zu eurer Persönlichkeit solcherart zugehörig, daß ihr meint, die Gesamtsumme all dieser Erfahrungen zu sein. Und nicht nur das: Ihr projiziert diese Konditionierungen auch auf die Zukunft. Ihr meint, da es immer so war, wird es auch immer so sein, denn anders könnt ihr es ja nicht sehen.

Ihr seht die Welt wie durch eine Schablone mit Kreisen, Halbkreisen, Vierecken, Sechsecken, Dreiecken und all den anderen Symbolen, die darauf sind. Plötzlich seht ihr ein Symbol, das überhaupt nicht in eure Schablone hineinpaßt. Dann dreht ihr eure Schablone und dreht und dreht, doch es paßt einfach nicht hinein. Da gibt es dann nur zwei Möglichkeiten. Die eine Möglichkeit wäre zu sagen: Oh, dann ist meine Schablone aber unvollständig, dann fehlt ja etwas ganz Wesentliches. Aber, um das zu erkennen, bedarf es schon einer gewissen höheren Einsicht. Meistens ist es so, daß das Ego mittels des Verstandes die Situation übernimmt, und der Verstand meint: Es kann nicht sein, weil es nicht sein darf. Also erkennt ihr nicht, daß die Schablone falsch ist, sondern meint, das Symbol sei falsch, und deshalb sei es kein reales Symbol. Da es in der Schablone nicht vorhanden ist, glaubt ihr, daß es demzufolge auch nicht existiert.

Seht ihr, so ist es. Ihr habt alle eure Schablonen, eure konditionierten Vorstellungen und bewegt euch in euren selbst geschaffenen Grenzen, so daß ihr all das, was darüber hinaus geht, für unmöglich haltet. Und so projiziert ihr diese ganzen Wolken des begrifflichen Denkens. Ihr projiziert diese Verdunklungen, diese ganzen Überschattungen, die die grenzenlose Weite des Geistes, die grenzenlose Weite des Göttlichen Seins überdecken. Und darum sagt Zen-Meister Yüan-wu: *Wenn erleuchtete Zen-Meister Anleitung für den spirituellen Pfad geben, dann geht es nur darum, den Geist zu klären, damit er an seinen Ursprung gelangt*. Doch wie ist der Geist zu klären? Der Geist wird geklärt, indem ihr erkennt, daß all das, dem ihr so unendlich viel Wichtigkeit und Bedeutung beimeßt, keine Existenz hat, kein wirkliches Sein – kein Sein aus sich selbst hat. Das Lankavatara-Sutra sagt:

> Von gewohnheitsmäßigen Tendenzen aufgewühlt, erscheinen dem Geist die Wahrnehmungen als real. Sie existieren jedoch nicht wirklich – sie sind selbst Geist. Sie als äußere Realität zu sehen ist falsch.

Im Buddhismus spricht man von der Auflösung aller Erscheinungen in die «Leerheit». In die Leerheit auflösen bedeutet, sich der Nicht-Substantialität, der *Leerheit* aller Erscheinungen bewußt zu werden. Aber dieses Bewußtwerden ist nicht eine Bewußtwerdung durch eine ausschließlich intellektuelle Erkenntnis, indem ihr nur in einem Buch lest, daß alle Dinge leer sind, und sagt – aha, wunderbar, phantastisch, jetzt weiß ich: Alle Dinge sind leer. Das nützt euch gar nichts.

Aus dem Grund praktizieren wir ja auch hier das *Za-Zen,* das Sich-Versenken in die Buddha-Natur – euer ursprüngliches Angesicht vor eurer Geburt. Dieses ursprüngliche Angesicht ist der reine, leere, unbefleckte Geist. Doch wenn ihr mit dieser Praxis beginnt, werdet ihr erfahren, daß es mit dem Erleben dieser unbefleckten Reinheit des Geistes gar nicht so einfach ist. Daß, je mehr ihr euch darauf einlassen wollt, um so mehr Gedanken, Vorstellungen, Begriffe und Ängste hochkommen – mitten in der Meditation. Und so geschieht es manchmal, daß Schüler zu mir kommen und klagen: «Ich meditiere und meditiere, und jetzt bin ich schon einige Zeit dabei, doch ich habe das Gefühl, es wird immer schlimmer mit dem Denken, anstatt besser. Ich bin ständig im Denken bei der Meditation. Ich mache gar keinen Fortschritt. Ich habe eher das Gefühl, ich bleibe stehen.»

«Herzlichen Glückwunsch, Gratulation», sage ich dann oft, «jetzt können wir beginnen.» Das ist nämlich der Fortschritt, daß ihr unter eurem Leiden leidet. Daß ihr unter eurer Verselbständigung des begrifflichen Denkens, unter euren eigenen

Projektionen leidet. Daß ihr erkennt, *wie* sich das Denken verselbständigt und daß es gar nicht zu euch gehört. Doch wenn ihr beharrlich bleibt und weiter praktiziert, dann werdet ihr immer transparenter werden, so daß das Licht eures Wahren Seins immer mehr durchscheint.

Wirklichen Zen-Meistern geht es bei ihren Unterweisungen immer nur darum, den Geist des Schülers zu klären, damit er an seinen Ursprung gelangt. Dieser Ursprung des Geistes ist *«das ursprüngliche Angesicht vor deiner Geburt»*, wie es im Zen heißt. Und dieses ursprüngliche Angesicht vor deiner Geburt, ist stets gegenwärtig, auch wenn du es nicht erfährst. Es ist auch nicht so, daß es mal mehr und mal weniger gegenwärtig ist. Nein, es ist *immer* gegenwärtig. Aber *du* bist nicht gegenwärtig. Würdest du diese ganze Energie, die du ständig sinnlos vergeudest, indem du darüber nachgrübelst, was alles ist und was sein könnte und was gewesen war, nach innen richten, dann würdest du dein Wahres Angesicht vor deiner Geburt als die ewig selbst-seiende Urwesenheit des Göttlichen Seins erfahren. Mit den Worten des Zen-Meisters Huang-po:

> Würdest du endlich alles begriffliche Denken in einem Augenblick abwerfen, dann würde sich diese Quellsubstanz manifestieren, wie die Sonne, die in der Leere aufsteigt und das ganze Weltall ohne Hindernis oder Schranken erleuchtet.

Sei jetzt hier, wo Raum und Zeit, Vielheit, Kommen und Gehen, Geburt, Altern, Verzweiflung, Krankheit, Schmerz und Tod, wo alles auf einen Punkt zusammenfällt. – HO!!! (Der Meister schlägt die Klanghölzer zusammen.) Und die grenzenlose Weite deines *ursprünglichen Seins* offenbart sich. Dann wirst du erkennen, daß alles Vielheitliche nur ein «Schatten» ist, ohne jede Wirklichkeit. Da du jedoch deinem wahren

Göttlichen Sein im Licht stehst, wirfst du selbst den Schatten und meinst: So sieht die Wirklichkeit aus. Daran klammerst du dich dann. Doch geh dir selbst aus dem Licht! Laß alles so, wie es ist, denn alles ist gut, so wie es ist. Und wäre es nicht so, wie es ist, dann wäre es auch gut.

Laß alles los, was es auch sei, und laß dich auf das ein, was *jetzt* ist. Fang nicht an zu analysieren, warum dies und jenes so ist und warum es so war oder nicht so war. Wenn du dich jetzt, in diesem Augenblick auf dein wahres Göttliches Selbst wirklich einläßt, dann zeigt sich dein Wahres Angesicht vor deiner Geburt, und du erkennst, daß alle Probleme, die du jemals hattest, nur Projektionen waren, Wahnvorstellungen, ohne jede Wirklichkeit.

Alles Analysieren entspricht jenem buddhistischen Gleichnis von dem Bauern, der von der Feldarbeit zurückkommt und plötzlich sieht, daß sein Haus brennt. Alle Einwohner des Dorfes sind schon herbeigeeilt, um das Feuer zu löschen. Doch der Bauer sagt: «Halt, halt, so schnell geht das aber nicht. Ich will erst einmal wissen, wer das Haus angesteckt hat? Wie sah er aus? War er männlich, war er weiblich? War er groß, war er klein? Hatte er schwarze Haare oder braune? Hatte er einen Bart oder keinen? War er alt, oder war er jung? Kam er zu Fuß, kam er auf einem Esel oder auf einem Ochsen geritten?» Und so geht das immer weiter und immer weiter – in der Zwischenzeit ist das Haus abgebrannt.

Wenn du im Da und Dort bist, versäumst du das Entscheidende des gegenwärtigen Augenblicks. Bist du in der Vergangenheit oder in der Zukunft, dann kannst du nicht zur Befreiung gelangen. Und so wirst du noch viele Inkarnationen lang hin- und herpendeln, von einer Wiedergeburt in die andere, und im «Schattenreich der Dämonen» dein Dasein fristen.

Was sind die Dämonen? Dämonen sind Gedankenassoziationen, die sich verselbständigt haben. Du bist aus bestimmten Situationen heraus mit bestimmten Ereignissen und Situationen konfrontiert und reagierst gemäß deiner eingefahrenen Verhaltensmuster. Du siehst zum Beispiel abends in der Dämmerung eine Schlange auf dem Weg liegen, springst entsetzt zurück und rennst weg. Aber schau doch mal hin! Sei doch mal wirklich jetzt hier, und schau hin auf die Schlange. Dann wirst du erkennen – ach, da ist ja gar keine Schlange, da liegt ja nur ein Seil.

Eure ganzen Konditionierungen, eure ganzen Verhaltensmuster, Denkmodelle, Erinnerungen und Ängste, alle eure «Pseudo-Wichtigkeiten» in dieser vermeintlich vielheitlichen Welt haltet ihr für das wahre Leben, und daran haltet ihr fest. – HO!!! (Der Meister schlägt mit dem Stock auf den Tisch.) Jetzt loslassen!

Nimm das Schwert der transzendenten Weisheit und zerschlage den gordischen Knoten des Nicht-Wissens mit einem Hieb. Der chinesische Zen-Meister Hsüeh-tou (11. Jh.) sagt:

> Wo das Schwert der Weisheit herniedersaust, verlieren Sonne und Mond ihr Leuchten, und Himmel und Erde verlieren ihre Farbe. Durch diese Erfahrung platzen die Wänste der Teufel, und es öffnen sich die Augen der Weisen.

Wenn du wirklich ernsthaft gewillt bist, dich ganz auf die nackte Wahrheit des Zen einzulassen und den Kreislauf von Geburt und Tod abzuschneiden, dann gibt es keinen anderen Weg, als alles loszulassen. Deshalb sage ich immer wieder: Am Rand des Abgrunds hängend, laß alles los und stirb ganz und gar, dann kehre zurück ins Leben – danach kann nichts mehr dich täuschen.

Da kann manch einer vielleicht voreilig sagen: Ja klar, deshalb komme ich ja her, ich will ja loslassen, ich will ja den mystischen Tod sterben. Und so kann es passieren, daß er meint, er müsse bloß noch auf dem Kissen sitzen und auf den mystischen Tod warten. Aber was ist eigentlich damit gemeint, wenn zum Beispiel Zen-Meister Yüan-wu sagt: «Die Alten drängten die Menschen, sich zu schulen, als stünden sie am Rande des Todes?» Damit wird ausgesagt, daß es in der Zen-Schulung um ein ununterbrochenes, *ständiges* Gewahrsein des Geistes geht; ein Gewahrsein bei allem, was dir widerfährt, überall, an jedem Ort und zu jeder Zeit – egal welche Färbung die Situation hat. Daß du gesammelten Geistes wirklich *da* bist. Dann wirst du erkennen, daß alles Vielheitliche nur ein Traum ist, und somit unwirklich.

Nur das, was dahinter liegt, nur das, was durch diese ganze Vielheit überdeckt wird, das hat SEIN. Und so geht es nur darum, daß du dieses Sein, diesen Einen Geist, diese Eine Wirklichkeit, mitten in der Welt erlebst, mitten in der Vielheit der Dinge. Es geht also darum, zu erkennen, daß alles die *eine* Wirklichkeit des Geistes ist. Die Betrachtungsweise der Vielheitlichkeit erhebt sich immer nur dann, wenn die Gedanken sich erheben; denn wenn die Gedanken sich erheben, dann erheben sich alle Dinge. Und wenn die Gedanken sich erheben, dann ist es mit der Klarschau vorbei, denn die Gedanken sind nichts anderes als eine Aktivierung eines nicht endenden Prozesses der Hervorbringung von weiteren Gedanken. Und wenn die Gedanken sich erheben, dann erheben sich auch die Gefühle. Je mehr Gedanken, desto mehr Gefühle, und je mehr Gefühle, um so mehr Gedanken. Und auf einmal befindet ihr euch mitten in einer Situation der Anhäufung von unheimlich vielen Problemen. Doch in Wirklichkeit ist gar nichts los.

Aber wie ich das letzte Mal schon sagte: Solange ich als Zen-Meister lehre, ist mir noch nie ein Mensch begegnet, der ein Problem hat. Du kannst kein Problem haben. Probleme sind nur Gedankenkonstruktionen, die sich verselbständigen, so daß wir eher sagen können, das Problem hat «dich». Dieses ganze Gedankenkonstrukt, das sich verselbständigt, diese ganze Raserei der inneren Dämonen, das beherrscht dich.

Um dem zu entfliehen und um zum inneren Frieden zu kommen, ziehen sich viele von der Welt zurück. Sie flüchten in ein Kloster oder in die Einsamkeit und halten das für wahres religiöses Leben. Das mag für manche Menschen gut sein. Aber ich sage euch eins, und das ist wirklich meine hundertprozentige Überzeugung: Alle diejenigen, die in Klöstern leben, und wenn sie noch so viel meditieren, ihr ganzes Leben lang nichts anderes tun als meditieren, werden irgendwann wiedergeboren, um das Gewahrsein des Geistes mitten in der Welt, mitten im Feuer der Welt zu realisieren.

Denn alle, die da sitzen in ihrer Klosterzelle mit heiliger, verzückter Miene und nur noch Heilige Schriften lesen und meditieren, wenn man denen das alles wegnimmt und sie wieder in die Welt hineinschickt – die werden alle umfallen. Warum? Weil sie nicht im Feuer der Welt geläutert sind. Weil sie nicht inmitten all der heiklen Situationen des Lebens zur Unerschütterlichkeit des Geistes gelangt sind. Zen-Meister Lin-chi sagt:

> Es gibt blinde Kahlköpfe, die, nachdem sie sich sattgefressen haben, Za-Zen üben und ihre Gedanken anhalten. Damit sich solche erst gar nicht bilden, fliehen sie den Lärm der Welt und suchen die Stille. Das ist eine abweichende Form des Zen.

Man muß den Weg *mitten in der Welt* gehen. Denn wie kann einer schwimmen lernen, außer im Wasser? Wie kann einer die Welt überwinden, außer in der Welt? Der Weg hat nur dann eine Bedeutung, wenn du deinen Fuß draufsetzt und ihn *gehst*. Das ist aktives, lebendiges Zen, das ist *Tao Chan*.

Den ursprünglichen Zustand, den Urzustand des Geistes *mitten in der Welt* zu erleben, darum geht es, mitten im Feuer der Welt, das ist der Weg des *Feuerlotus*. Im Zen benutzt man das Bild des Feuerlotus im Gegensatz zum Wasserlotus, der nur in einem stillen Teich wächst. Ein Zen-Spruch lautet: «Der Weise geht mitten durch das Feuer, ohne daß das Feuer ihn brennt. Er geht über ein Schlachtfeld, ohne daß eine Waffe ihn verletzt.»

Nun kommen wir wieder zurück zu Yüan-wu. Er sagt:

Die Menschen wenden sich aufgrund ihrer Einbildungen von diesem Grund des Geistes ab.

Diese Einbildungen sind eure eigenen Projektionen, egal ob positiv oder negativ. Da es Einbildungen sind, sind sie unwirklich. Laßt alles hinter euch, befreit euch von allen euren Wahnvorstellungen, und laßt euch auf die Wirklichkeit eures *Wahren Seins* ein. Dann werdet ihr erleben, daß alles – was es auch sei – diese eine Wirklichkeit ist und daß ihr nichts davon trennen könnt. Ihr werdet erkennen, daß alle die Anwesenden hier nicht eine Ansammlung von verschiedenen Wesen sind – sondern *eine einzige* Wirklichkeit; so wie die Wellen auf der Oberfläche des Meeres nicht eine Ansammlung von verschiedenen Seinsweisen sind, sondern nur das eine Meer in der Erscheinungsweise des vermeintlich Vielheitlichen.

Der Gong, die Wände, der Altar, alle Gegenstände hier, alles ist das Eine. Auf dieses Eins-Sein aller Dinge gilt es sich hier und jetzt ganz einzulassen. Nur so gelangst du in die mystische Dimension der multidimensionalen Klarschau. Diese ist die reine Wahrnehmung. Du siehst mit dem *inneren* Auge und hörst mit dem *inneren* Ohr. Zen sagt: «Mit den Augen hören und mit den Ohren sehen, das ist wahres Verstehen.» Hast du das *wahre* Verstehen, dann kannst du auch folgendes Koan lösen: Wenn ich jetzt diese zwei Klanghölzer hier zusammenschlage, dann ergibt das einen Ton. – HO!!! (Der Meister schlägt die Klanghölzer zusammen.) Doch was ist der Ton des einen Holzes? (kurzes Schweigen)

Die höchste Wahrheit ist jenseits aller Worte, jenseits aller Begriffe, jenseits aller Vorstellungen, jenseits allen Erwägens, allen Annehmens und Verwerfens, jenseits aller Spekulationen, jenseits aller Hoffnungen und jenseits aller Befürchtungen, jenseits von allem. Und deshalb gibt es nur einen einzigen Weg, diese Wirklichkeit zu erfahren, und der ist: (Der Meister hebt seinen Stock in die Höhe.)

(Schweigen)

Das war die Gelegenheit. Ihr müßt ganz hineinsterben in diese Antwort.

5

Das Schwert des Gewahrseins

Verweile jenseits der Sinneswelt, und sammle deine Kraft im Nichts.
(Chuang-tse, 4. Jh. v. Chr.)

Wenn Chuang-tse sagt, «verweile jenseits der Sinneswelt», dann könnte manch einer meinen: Nun, dann muß ich ja vor allem erst einmal die sinnlichen Wahrnehmungen innerhalb der Welt meiden. Am besten ich ziehe mich ganz von der Welt zurück und lebe nur noch in der Einsamkeit oder in einem Kloster.

Das wäre aber völlig falsch gedacht. Es ist ein großer Irrtum zu glauben, «jenseits der Sinneswelt» würde bedeuten, man müsse die sinnliche Welt fliehen. Und wenn Chuang-tse sagt, «sammle deine Kraft im Nichts», dann ist es ebenso falsch zu glauben, das würde bedeuten, man müsse jetzt mit möglichst perfekter Körperhaltung täglich mehrere Stunden auf dem Meditationskissen verbringen, um die Welt auszuschalten.

Diese falsche Zen-Praxis wurde von den alten chinesischen Zen-Meistern «die Geisterhöhle des toten Nichts» genannt. Das ist ein Ausdruck, den mein Meister Soji Enku sehr gern benutzte, um den Unterschied zwischen dem wahren Zen und dem Pseudo-Zen des toten Nichts – das die Leere zur Zielvorstellung objektiviert – aufzuzeigen. Daran lag ihm so viel, daß ihm sein Meister in Japan den Namen Soji Enku gab. Soji Enku bedeutet: der über die Leerheit hinausgeht.

Wenn Chuang-tse sagt, «verweile jenseits der Sinneswelt», dann heißt das also nicht, daß man die Welt fliehen soll, sondern es bedeutet: *mitten in der Welt der Sinne* jenseits der Sinneswelt zu sein. Wer wirklich im Zen lebt, der lebt mitten in der Welt und bleibt doch vollkommen frei von allem. Und warum ist dem so? Weil er jenseits des unterscheidenden, begrifflichen Denkens ist. Zen-Meister Huang-po sagt:

> Wenn jede Art von Denk-Zwang zum Stillstand gebracht ist, wird auch nicht mehr die geringste Spur von Anhaftung geschaffen. Dann werden euer Geist und Körper schon in diesem Leben zu einem vollkommen befreiten Wesen gehören. Könntet ihr nur das begriffliche Denken aufgeben, dann hättet ihr alles erreicht.

Wenn geistig Suchende vom Aufgeben des begrifflichen Denkens hören, dann meinen sie oft, sie müßten jetzt das Denken unterdrücken und dürften keine Gedanken mehr zulassen. Aber das ist ein großer Irrtum. Es geht einzig und allein um die Befreiung vom «Denk-Zwang». Dort wo das Denken seinen praktischen Wert besitzt, ist es notwendig, sich seiner zu bedienen. Wo es sich aber verselbständigt, da muß man ihm Einhalt gebieten. Solange ihr von eurem Denk-Zwang gefesselt seid, bleibt ihr im Kreislauf von Geburt und Tod gefangen und müßt durch unsagbares Leiden gehen. Wer glaubt mittels des begrifflichen, dualistischen Denkens zur Erkenntnis gelangen zu können, verbaut sich selbst den Weg und macht es sich nur unnötig schwer. Deshalb sagt Zen-Meister Seng-ts'an (7. Jh.):

> Die höchste Wahrheit ist nicht schwierig
> und läßt keine Wahl zwischen Zweierlei zu.

Wer nicht mehr ergreift oder ablehnt,
dem offenbart sie sich klar und unendlich.

Da ihr aber alles mit dem Kopf machen wollt, habt ihr euch den Zugang zu dieser Einfachheit selbst verbaut. Hinter jeder Antwort, die ihr mittels des begrifflichen Denkens gefunden habt, erhebt sich eine neue Frage, und je mehr ihr auf das Ziel zugehen wollt, um so mehr entfernt ihr euch von ihm. Wenn ihr ernstlich Erleuchtung erlangen wollt, dann müßt ihr euch von der Daseinsfessel des «Denk-Zwangs» befreien. Denn wenn ihr frei werdet von eurem Denk-Zwang, werdet ihr auch frei von den Begierden und Anhaftungen, die euch beherrschen.

All die Kräfte, die die Macht haben, euch herunterzuziehen in die samsarische Ebene, können euch aber auch – wenn ihr sie umwandelt – emporheben in die höchste Dimension der Wirklichkeit. Das ist die Praxis des Tantra, der Weg der Transformation aller Energien. Es geht also nur darum, daß ihr diese Energie der Sich-Verselbständigung des Geistes in der Form des Denkens umwandelt in das Selbst-Gewahrsein des Geistes.

Nehmt die Energie, egal in welcher Färbung sie sich auch zeigt, und wandelt sie um in spirituelle Energie. Egal auf welche Weise sich Energie manifestiert, wesentlich ist immer nur, wie ihr sie transformiert. Ihr könnt Energie auf verschiedene Art transformieren. So könnt ihr zum Beispiel mit elektrischem Strom Licht erzeugen, ihr könnt einen Ventilator in Bewegung setzen oder Musik aus dem Radio hören. Das sind aber nicht verschiedene Energien, sondern immer nur ein und dieselbe. Ebensowenig sind sexuelle Energie, schöpferische Energie oder spirituelle Energie verschiedene Energien.

Bei allem, was ich eben über die Umwandlung der Energien sagte, stellt sich nun die Frage: Wie gelangt man zu dieser Transformation? Transformation im Sinne von Tantra bedeutet – ein ganz bewußtes und achtsames Hinein-Gehen in das, was du gerade tust, so daß du damit ganz eins bist. Daß du das, was du machst, mit solch einer Bewußtheit tust, daß dein Tun zu einer Erfahrung der allumfassenden Ganzheit des Seins wird. Auf diese Weise wird alles, jede Bewegung, die du machst, zu einer heiligen Handlung; denn das Wort «heilig» kommt von «heil» sein, und das bedeutet *ganz* sein. Und so bleibt dein Geist bei allem, was du tust, gelassen, so daß er von weltlichen Belangen nicht aufgewühlt wird. Dann befindest du dich in vollkommener Einheit mit dem Überweltlichen und umfängst zugleich den ganzen Bereich der Welt. Du bist von ihr befreit und lebst doch *mitten in* der Welt.

Das ist «Leben im Geiste des Zen»: Tao Chan, *aktives* Zen mitten in der Welt. Im Tao Chan geht es nicht um heilige Lehren, es geht nicht um irgendwelche philosophischen Systeme oder um verschiedene Meditationsmethoden. Es geht hier nur um das Eine, und dieses Eine ist das Erleben der Göttlichen Wirklichkeit mitten in der Welt.

Dazu ist eins notwendig als Grundlagebedingung: daß ihr zum Selbst-Gewahrsein des Geistes gelangt. Zu diesem Gewahrsein des Geistes kommt ihr aber nicht, wenn ihr es mit dem Verstand machen wollt, indem ihr euch immer wieder sagt: «Gewahrsein des Geistes, – ich muß im Gewahrsein des Geistes sein.» Dies ist nichts anderes als eine Erwartungshaltung, und somit ein «Wollen», was immer zu einem Spannungszustand des Körpers und des Geistes führt. Deshalb heißt es im Mahamudra: «Spannung ist gehemmtes Wollen.» Und da, wo Spannung ist, dort entsteht immer ein ganzer Schwarm von Gedankenbewegungen; und wo die Gedanken sich erheben, da erheben sich alle Probleme. Deshalb sagt der Tantra-Meister Saraha (9. Jh.):

> Dieser Geist, von Geschäftigkeit gefesselt, ist befreit, sobald du entspannst – kein Zweifel. Sei ungekünstelt, und lasse das Bewußtsein in seiner unberührten Frische. Wer den Geist manipuliert, wird nicht den wahren spirituellen Weg erreichen.

Also: Eine gelöste und entspannte Geisteshaltung ist die Grundvoraussetzung, um zum Selbst-Gewahrsein des Geistes zu gelangen. Bewahrt eine gelöste und entspannte Geisteshaltung bei allem, was ihr tut, und ebenso bei der Meditation, dem Za-Zen.

Während des Za-Zen ruht ganz in euch selbst – Körper, Atem und Geist gesammelt. Das ist sehr wichtig. Denn ehe ihr euch verseht, ist oft schon ein Gedanke da, ein Gefühl oder eine Vorstellung. Dann ist es aber falsch, sich zu ärgern und zu denken: «Mist, jetzt sitze ich hier, um zu meditieren, und es geht schon wieder los mit der Denkerei.» Und daß ihr dann anfangt, gegen die Gedanken zu kämpfen. Wenn Gedanken auftauchen, dann betrachtet das nicht als einen Fehler, sondern seid euch ihrer leeren Natur bewußt. Laßt die Gedanken und die inneren Bilder vorüberziehen wie Wolken am Himmel. Der chinesische Zen-Meister Pai-chang (9. Jh.) sagt: «Wenn dein Geist sich bewegt, so folge ihm nicht; und er wird sich von der Bewegung loslösen. Und wenn dein Geist auf irgend etwas ruht, so folge ihm nicht; und er wird sich von dem loslösen, worauf er ruht.»

Viele Anhänger des Zen, vorwiegend der japanischen Soto-Sekte, sind davon überzeugt, Za-Zen bedeute die Gedanken anzuhalten und jede geistige Aktivität gewaltsam zu unterdrücken. Diese Form von Za-Zen ist jedoch eine falsche Praxis und hat mit wahrer Zen-Meditation, wie sie von den alten chinesischen Zen-Meistern gepflegt wurde, nichts zu tun. Der chinesische Zen-Meister Po-shan sagt deshalb:

> Manche Menschen beginnen ihre Gedanken anzuhalten, ihren Geist zu unterdrücken und alle Dinge in die Leere zu verschmelzen. Sobald ablenkende Gedanken auftauchen, werden sie verscheucht. Selbst die schwächsten gedanklichen Regungen werden sofort unterdrückt.
> Diese Art der Übung und des Verstehens stellt die größte Falle dar, in die Häretiker fallen können: die Falle der toten Leere. Solche Menschen sind lebende Tote. Sie werden abgestumpft, teilnahmslos, gefühllos und träge. Sie gleichen einfältigen Dieben, die versuchen, eine Glocke zu stehlen, indem sie sich die Ohren verstopfen.

Viele Zen-Praktizierende lassen sich täuschen und halten diese «Falle der toten Leere» für das Erreichen eines höheren Versenkungszustandes. Die Folge davon ist, daß sie oft und lange in dieser Verfassung verweilen, ohne zu erkennen, wie ihr geistiges Gewahrsein immer dumpfer und träger wird, anstatt an Schärfe zu gewinnen. Es gibt heutzutage viele Anhänger des japanischen Sitzdogmatismus, die der Ansicht sind, ein trance-ähnlicher Zustand völliger Gedankenleere sei die höchste Form der Verwirklichung im Zen. Dies geht sogar so weit, daß viele glauben, Satori (Erleuchtung) sei überflüssig, da ja ohnehin alle Wesen von Natur aus Buddhas sind. Nach ihrer Ansicht genügt es, so häufig und so lange wie möglich mit einwandfreier, kerzengerader Körperhaltung und gekreuzten Beinen, allen Schmerzen zum Trotz auf dem Meditationskissen zu sitzen.

Nun soll das hier Gesagte aber keinesfalls bedeuten, daß die Praxis des «Sitzens in Versenkung» auf dem Zen-Weg überflüssig sei. Es geht vielmehr darum, einzusehen, daß eine Meditationstechnik der gewaltsamen Unterdrückung des Geistes dem ursprünglichen, lebendigen Zen der alten Meister total entgegengesetzt ist.

Jetzt kommen wir wieder zurück zur Meditations-Praxis. Wenn ihr Za-Zen praktiziert, dann sitzt in gelöster Verfassung auf eurem Sitzkissen, ohne euch auf irgend etwas zu fixieren, ohne Absicht, völlig offen. Die Körperhaltung soll sein «wie eine Tanne», das heißt: Haltet den Oberkörper völlig gerade und verlegt den Schwerpunkt des Sitzens in den Hara, den Unterleib unterhalb des Bauchnabels. Es ist sehr wichtig, daß ihr dabei ganz natürlich seid und keinerlei künstliche Spannung erzeugt. Jede übermäßige Anstrengung, jede Verkrampfung und Versteifung sollte vermieden werden.

Ob ihr auf eurem Sitzkissen in der Lotushaltung mit gekreuzten Beinen sitzt oder so, daß ein Bein locker vor dem anderen liegt, oder ob ihr im Fersensitz sitzt, ist vollkommen unwichtig. Das Wesentliche ist eine unverkrampfte, gerade Körperhaltung mit entspannten Schultern und ruhig fließendem Atem. Die richtige Atmung ist in der Zen-Meditation von größter Wichtigkeit, denn durch tiefes, ruhiges Ein- und Ausatmen wird euer Geist klar wie der wolkenlose Himmel.

Atmet so natürlich wie möglich, doch achtet darauf, daß die Ausatmung kraftvoll und wesentlich länger ist als die Einatmung. Seid euch der Atmung voll bewußt. Das Einatmen geschieht ganz natürlich, ohne jede Anstrengung, und beim kraftvollen Ausatmen konzentriert euch auf den Hara, eure Mitte unterhalb des Bauchnabels. Im Zen sagt man, die Zen-Atmung sei wie das Muhen einer Kuh. Die Za-Zen-

Atmung ist eine Bauch- und Tiefatmung, während die allgemein übliche Atmung eine Brustatmung ist. Die Brustatmung ist jedoch eine unnatürliche Form des Atmens. Sie ist eine Zivilisationskrankheit, die verschiedene Deformationen des Körpers zur Folge haben kann. Außerdem erschwert diese nur oberflächliche Atmung den Zugang zu den tieferen Schichten des Bewußtseins.

Die richtige Atmung steht in enger Verbindung mit der richtigen Körperhaltung beim Za-Zen. Gleichermaßen steht die Verfassung des Geistes in engem Zusammenhang mit der Atmung. Wenn ihr im rechten Einklang mit dem Atem seid, dann vertieft sich eure Konzentration, und das Denken hört von selbst auf.

Ihr dürft jedoch nicht den Fehler machen, die Gedanken anhalten zu wollen. Denn das wäre auch schon wieder Denken. Wenn ihr versucht, die Gedanken anzuhalten, dann reagiert der Geist mit vermehrter gedanklicher Aktivität. Bleibt ganz entspannt und schaut direkt jeden sich erhebenden Gedanken ohne Bezugnahme an. Dadurch wird der Gedankenstrom sofort unterbrochen, und wenn ihr unabgelenkt bleibt, wird kein begriffliches Denken mehr entstehen. Doch sobald ihr abschweift, erhebt es sich wieder.

Schaut direkt auf dieses Verlangen, begrifflich zu denken, und das Denken wird sich von selbst auflösen. Es ist wichtig, daß ihr bei allen aufkommenden Gedanken die Lust zu denken direkt anschaut. Dann werdet ihr in der Lage sein, mit dem «Schwert des vollkommenen Gewahrseins» jeden Gedankenstrom durchzuschneiden. Schaut einfach nur hin auf alles, was im Geist geschieht. Entsteht ein Gedanke, dann schaut auf diesen Gedankenimpuls – ohne Bezugnahme. Ohne ihn zu analysieren. Denn wenn man den Gedanken analysiert, ihn betrachtet und zurückverfolgen will, wo er überhaupt herkommt, dann gibt es nie ein Ende. Der Mahamudra-Meister Drogön Schang sagt:

> Erinnerungen und Gedanken haben wie die Wolken am Himmel weder einen Ort, wo sie entstehen, noch einen Ort, wo sie verweilen, noch einen Ort, wo sie sich auflösen – sie sind wurzellos.

Also – ihr könnt die Gedanken und Vorstellungen nicht bis zu ihrem Ursprung verfolgen, sie kommen immer aus dem Nichts.

Das wichtigste Wort im Taoismus und im Tao Chan, dem ursprünglichen, lebendigen Zen der alten chinesischen Meister ist *«Absichtslosigkeit»*. Seid vollkommen absichtslos. Sowie ihr irgendeine Absicht habt, ist diese Absicht ein «Wollen». Und da, wo Wollen ist, entsteht psychisch-physische Spannung, denn Spannung ist immer gehemmtes Wollen. Deshalb heißt es im Zen: «Sei wie ein altes Weihrauchfaß in einem verlassenen Dorftempel.» Sei im Za-Zen in absichtsloser Geisteshaltung, und laß den Atem ruhig fließen. Wenn Gedanken kommen, dann schau die Gedanken einfach nur an, und verfolge sie nicht zurück. Sei vollkommen desinteressiert in Bezug auf das, was im Geist geschieht.

In dem Augenblick, wenn den Gedanken kein Nährstoff zugeführt wird, lösen sie sich auf wie Schneeflocken im warmen Wasser. Daß während des Za-Zen Gedanken kommen, ist weder gut noch schlecht und hat weiter keine Bedeutung. Nur wenn du sie in irgendeiner Form beeinflussen willst, wenn du Bezug nimmst zu den Gedanken, dann verselbständigen sie sich, und es bilden sich Gedankenketten. Zuerst ist es nur ein einziger Gedanke, doch durch dein Bezugnehmen zu diesem einen Gedanken entsteht ein riesiger Gedankenkomplex, und ehe du dich versiehst, bist du nur noch im Denken.

Bei allem, was ich soeben über das absichtslose Gewahrsein und die vollkommen gelöste, entspannte Geisteshaltung sagte, besteht aber auch die große Gefahr der Fehlinterpretation. So kann es geschehen, daß man die Geistesverfassung des absichtslosen Gewahrseins mit der trägen, stumpfen Geistesverfassung des «leeren Nichts» verwechselt. Deshalb sagt der chinesische Zen-Meister Han-shan (17. Jh.):

> Was ihr tun sollt, ist, dieses Gewahrsein ergreifen wie ein Schwert. Gleichgültig, ob der Buddha kommt oder der Teufel, durchschneidet den Gedankenstrom wie ein Gewirr von Seidenfäden. Benützt eure ganze Aufmerksamkeit und Kraft in unbegrenzter Geduld, um euren Geist in die Ausweglosigkeit des Nicht-Denkens zu stoßen.
>
> Erkennt, wie ein Gedanke sich erhebt und wie er vergeht. Haltet dieses Kommen und Gehen in eurem Geist fest und versucht durch es hindurchzubrechen; versucht es mit aller Macht zu vernichten! Wenn ihr es mit eurem Gewahrsein zunichte machen könnt, wird sich alles lösen und rasch verschwinden. Aber man darf dieser Augenblickserfahrung weder nachgehen noch versuchen, sie festzuhalten.
>
> Diese immer weiterfließenden Gedanken sind ohne festen Boden und unwirklich. Niemals darf man diese Gedankenfolgen als etwas Konkretes behandeln. Sobald sie aufsteigen: sie wahrnehmen und sofort mit dem Gewahrsein abschneiden. Aber niemals versuchen, sie zu unterdrücken. Geschehen lassen und betrachten wie einen Kürbis, der einen Fluß hinunter schwimmt.

Das Entscheidende an dieser Meditations-Praxis sind Beständigkeit und Ausdauer. Nehmt das «Schwert des Gewahrseins» und tötet jeden Gedanken. Wenn ihr einen Gedanken zerschlagen könnt, werden sofort auch alle anderen Gedanken verschwunden sein. Danach werdet ihr euch unendlich leicht und befreit fühlen und erfüllt von grenzenloser Freude. Es wird eine Erfahrung sein wie das Sichtbarwerden eines Weihers, von dem der Nebel sich gehoben hat.

Dieses Gewahrsein des Geistes, von dem ich hier rede, sollt ihr aber nicht nur hier in der Dharma-Halle während des Za-Zen praktizieren oder wenn ihr daheim auf dem Kissen sitzt. Gewöhnt euch daran, bei allen euren täglichen Aktivitäten im absichtslosen Gewahrsein zu verweilen, sei es im Sitzen, Gehen, Stehen oder Liegen. Dann wird die Geisteshaltung des Nicht-Fixiertseins zu einer gewöhnlichen, ganz natürlichen Seinsweise für euch werden. Mit den Worten von Zen-Meister Yüan-wu:

> Das Leben des Menschen hat seine Wechselfälle. Es ist nicht notwendig, das Handeln abzulehnen und nur noch die Stille zu suchen – mach dich einfach innerlich leer und bring dich in Übereinstimmung mit dem Äußeren. Dann wirst du auch im hektischen Treiben der Welt in Frieden sein.

Im Tao Chan, der Praxis des aktiven Zen, ist es von außerordentlicher Wichtigkeit, das Sitzen in Versenkung mit aktivem Handeln zu verbinden. Es geht im Zen – zumindest in seiner lebendigen ursprünglichen Form – darum, das im Za-Zen erfahrene Ruhen im inneren Seinsgrund mitten in der Aktivität, mitten in der Welt zu leben – und doch jenseits der Sinneswelt zu verweilen. Deshalb sagt Chuang-tse:

Verweile jenseits der Sinneswelt, und sammle deine Kraft im Nichts.

Wenn du durch die belebten Straßen einer Großstadt gehst, ist dein Geist vielen Ablenkungen ausgesetzt. Vor einem Kaufhaus preist zum Beispiel einer mit lauter Stimme sein Putzmittel an, da ist in einem Schaufenster irgend etwas Interessantes, ein schreiendes Kind wird von seiner Mutter verhauen, dort bellen ein paar Hunde und dies und das und jenes. Solange ihr im absichtslosen Selbst-Gewahrsein des Geistes seid, ist alles wunderbar – ihr fließt mit allem mit. Aber meistens ist es so, daß ihr still im Gewahrsein verweilen wollt, und doch verselbständigt sich auf einmal euer Denken. Ihr nehmt Bezug zu irgend etwas, und schon entstehen eine Menge Gedanken, Vorstellungen und Gefühle.

In der Praxis des Tao Chan, des aktiven Zen, geht es nun darum, mitten durch die Welt der Ablenkungen hindurchzugehen und das Selbst-Gewahrsein des Geistes zu bewahren. Du nimmst etwas wahr, du schaust hin und bleibst dabei im Gewahrsein und somit in deiner Mitte. Und dann siehst du genau, wie die Tendenz entsteht, zu irgend etwas Bezug zu nehmen in Form von Annehmen und Verwerfen. Aber dadurch, daß du einfach nur hinschaust, kann das Denken sich nicht verselbständigen, und du bleibst in heiterer Gelassenheit.

Du läufst durch die Stadt und verweilst doch in deiner Mitte – du bleibst bei dir selbst: Körper, Atem und Geist und das Laufen sind eins. Sei dir stets bewußt, daß du mit jedem Schritt als Buddha auf dem Lotusland läufst. Wo du gehst und stehst, offenbart sich das Sukhavati-Paradies des grenzenlosen Lichtes in seiner ganzen Herrlichkeit.

Es besteht kein Zweifel, daß der Tao Chan Weg, der Weg der aktiven Meditation mitten im Tumult der Welt, der sicherste und schnellste Weg ist, um zu einem *ständigen* Erleben der allumfassenden und alldurchdringenden Wirklichkeit des

Göttlichen Seins zu gelangen. Dies sagen uns auch die Worte des chinesischen Zen-Meisters Ta-hui (12. Jh.):

> Ihr müßt erkennen, daß der Tumult des Samsara kein Ende findet. Darum dürft ihr gerade dann, wenn ihr mit den turbulentesten Tätigkeiten beschäftigt seid, nicht auf eure Meditationssitze gehen. Jenes höchste Tun, das ihr so eifrig in der Stille geübt habt, sollt ihr anwenden, wenn ihr in den Tumult des täglichen Lebens verstrickt seid. Wenn ihr das zu schwierig findet, bedeutet das, daß ihr noch nicht genügend aus der Arbeit in der Stille gewonnen habt.
>
> Wenn ihr überzeugt seid, daß das Meditieren in der Stille besser ist als das Meditieren während der Tätigkeit, seid ihr in die Falle gegangen, nach der Wirklichkeit zu suchen, indem ihr die Manifestationen zerstört, oder ihr habt die Ursache eurer Verwirrung verkannt. Wenn ihr euch nach Ruhe sehnt und den Wirbel und Lärm verabscheut, ist es an der Zeit, eure ganze Kraft ins Werk zu setzen. Plötzlich wird die Verwirklichung, um die ihr so hart in euren stillen Meditationen gerungen habt, inmitten allen Lärms euch zuteil werden.

Die Zeiten der Meditation in der Stille sind eine unerläßliche Voraussetzung und Vorbereitung zur aktiven Meditation. Und ohne eine regelmäßige, ernsthafte Za-Zen-Praxis wird niemand dahin kommen. Doch sollte man sich stets bewußt sein, daß der Sinn jeder Übung darin besteht, die Übung zu übersteigen, um zu einer Seinsverfassung jenseits aller Übung zu gelangen.

6

Die Illusion der Vielheit

Alles, was einen Anfang hat, unterliegt schon allein aus dem Grund, weil es einen Anfang hat, dem Gesetz der Vergänglichkeit, und somit unterliegt das menschliche Leben dem Prozeß von Altern, Verzweiflung, Krankheit, Schmerz und Tod. Es unterliegt dem Prozeß der Wandlung: Entstehen – Vergehen, Entstehen – Vergehen…

Und so beginnst du dich zu fragen: Ist das alles? Irgendwo muß doch da etwas Bleibendes sein? Und allein schon dein Verlangen nach Stabilität, nach Glückseligkeit, nach Geborgenheit ist ein Hinweis auf das Vorhandensein einer höheren Wirklichkeit. Das ist diese innere Gewißheit, dieses dir mitgegebene innere Wissen um deine Göttliche Natur.

Ich spreche sehr selten über meine eigenen mystischen Erfahrungen, aber eins möchte ich doch sagen: In dem Augenblick, als ich zu meinem Wahren Sein erwachte, strahlte die Dimension der allwissenden Erkenntnis auf, und ich wußte: Ich bin ungeboren und unsterblich – es gibt keine Geburt, keinen Tod und auch keine Vielheit. Aber diese Erkenntnis geschieht in solch einem Augenblick nicht als eine intellektuelle Aufeinanderfolge von begrifflichen Vorstellungen und Gedanken, sondern als ein Zugleich.

Jede vielheitliche Betrachtungsweise ist die Betrachtungsweise von Subjekt und Objekt, von ich und du, von Annehmen und Verwerfen – mit anderen Worten: von «Trennung». Und wenn du dich getrennt fühlst von irgend etwas – was es auch sei –, dann bist du in der Vielheit und nicht mehr in der Dimension der allumfassenden Ganzheit. Denn alles ist das Eine ohne Zweites. Das ist jedoch eine Dimension, die ihr erst dann wirklich versteht, wenn ihr euch ganz darauf einlaßt. Dann wird sie euch zur *Erfahrung*.

Natürlich ist es in gewissen Momenten – wenn ihr zum Beispiel im Frühling bei strahlendem Sonnenschein auf einer Bank im Park sitzt, den Vögeln zuhört und den Schmetterlingen zuschaut – leicht zu sagen: «Ich fühle mich mit allem eins.» Aber es gilt diese Dimension der Einheit *überall* zu erfahren und nicht nur da, wo es für dein unterscheidendes Bewußtsein schön ist. Denn dieses Eins-Sein ist dein Wahres Wesen, und jede Vielheit ist Illusion.

Erinnern wir uns an das Bild vom Meer und seinen Wellen. Alles ist das eine Meer, und ihr könnt auch nicht eine Welle von ihm absondern; denn die Wellen auf der Oberfläche des Meeres haben keine Existenz aus sich selbst. Das bedeutet jedoch nicht, daß sie gar nicht existieren, sonst könntet ihr sie ja nicht wahrnehmen. Die Dinge existieren. Alles, was ihr wahrnehmt, existiert, aber nicht so und als das, als was ihr es wahrnehmt. Es existiert nur als Erscheinung, ebenso wie eine Fata Morgana, die ihr seht. Ihr könnt nicht sagen, daß sie nicht da ist. Die Erscheinung ist da, aber nur als Erscheinung, ohne Substanz. Ebenso ist es mit allem, was ihr nachts im Traum erlebt, das ist auch alles vorhanden: die Eisenbahn, mit der du fährst, das gute Essen, das vor dir steht und das dir so gut schmeckt. Das ist alles wirklich da. Doch plötzlich wachst du auf und erkennst: Alles war nur eine Täuschung.

Alles, was ihr wahrnehmt, die ganze Welt ist nichts anderes als Form. Doch Form ist leer und hat keine Wirklichkeit aus sich selbst. Deshalb heißt es im *Prajnaparamita-Hridaya-Sutra,* das täglich in den Zen-Klöstern rezitiert wird: «Form ist Leere, und Leere ist Form.» Alles, was du wahrnimmt, alles, was du siehst, ist nur Form und hat nicht mehr Wirklichkeit als die Zeichnung eines Baumes auf einem Blatt Papier. Du siehst zwar einen Baum, aber es ist nur eine Form – ohne Eigenexistenz. Du siehst einen Baum, aber da ist gar kein Baum. Und so ist es mit allen Dingen. Dies zu verstehen ist sehr wichtig. Und wem diese geistige Grundlage fehlt, wer die Welt als substantielle Gegebenheit sieht und sich als ein von ihr getrenntes Individuum, dem fehlt die wesentliche Voraussetzung zur Befreiung – nämlich die Einsicht, daß alles der Eine Geist ist.

Im Zen geht es darum, daß du zu solch einer Bewußtseinsdimension gelangst, daß du diese Wirklichkeit des Einen Geistes überall und zu jeder Zeit erfährst. Daß du nicht mit Scheuklappen durch die Welt läufst und nur «geistiger Weg» und «spirituelle Verwirklichung» im Kopf hast und sagst: Oh, in mir fühle ich eben dies und das und jenes – und siehst vor lauter Bäumen den Wald nicht mehr. Es geht vielmehr darum, daß du so mit allem eins bist, daß du erlebst, wie dir in allem und jedem die ganze Herrlichkeit des Göttlichen Seins entgegenblickt. Deshalb: Laß ab von deiner Egoverkrustung, von deiner *Absonderung* von der Göttlichen Wirklichkeit!

Das Sich-Absondern von Gott wird im allgemeinen Sprachgebrauch als Sünde bezeichnet. Dieses Absondern bedeutet aber nicht nur, daß du dich vom Göttlichen, als «jenseitiger, transzendenter» Wirklichkeit, absonderst, sondern auch, daß du dich von der Göttlichen Wirklichkeit, wie sie sich *mitten in der Welt* offenbart, absonderst. «Alle Dinge haben das gleiche Wesen wie ich», heißt es im Zen. Dieses «wie ich» bezieht sich jedoch nicht auf das Ego, das gern alle positiven Aussagen auf sich bezieht und sagt: «Wunderbar, ich habe immer gewußt, daß ich alles bin, daß ich der Größte bin», sondern es bezieht sich auf das Wahre Selbst, das sich dann offenbart, wenn dieses Ego stirbt.

Nicht zwei, nur eins – das ist die Wirklichkeit. Stirb, während du lebst, und sei ganz tot. – HO!!! (Der Meister schlägt die Klanghölzer zusammen.) Und dann tu, was immer du willst, alles ist gut. Dann erlebst du die ganze Welt als ein wunderbares, herrliches Offenbarwerden des Göttlichen Seins. Dann erlebst du alles in einer solchen Transparenz, daß du alle Dinge als deinen eigenen Atem erfährst, als den Göttlichen Odem.

In diesem Augenblick, wenn das Ego, diese «Pseudo-Person», die sich so wichtig genommen hat, den *Großen Tod* gestorben ist, offenbart sich dein Wahres Angesicht vor deiner Geburt. Dann erfährst du alles als ein in sich geschlossenes, allumfangendes Ganzes, das alles in sich beschlossen hält. Stell dir vor, du seist eine Welle auf der Oberfläche des Meeres. Die Wellen auf der Oberfläche und das Meer sind eins. Doch sowie du zwischen dir und den anderen Wellen unterscheidest und denkst – das bin ich nicht, und diese eine Welle da bin ich auch nicht, und diese Schaumblasen, die da oben herumschwimmen, mit denen hab ich schon mal gar nichts zu tun – in dem Augenblick fällst du in die Vielheit. Du siehst die Dinge nicht mehr, so wie sie sind, und nicht mehr als das, was sie sind. Und was sind die Dinge? Was sind Himmel, Sonne, Mond und Sterne, die Berge, die Bäume und alle Wesen? – Ein einziges untrennbares Sein, eine einzige Wirklichkeit. Diese Wirklichkeit als euer innerstes Wahres Sein – gilt es zu erfahren, *mitten in der Welt,* überall.

Bei allem, was ich eben sagte, besteht die Gefahr, daß ihr

denkt: «Ist ja wunderbar, alles ist die Göttliche Herrlichkeit. Warum soll ich dann überhaupt noch meditieren? Was brauche ich Innenschau, wenn sowieso alles die Göttliche Herrlichkeit ist. Ist ja phantastisch, ist ja wunderbar.»

Aber – jetzt kommt das Wesentliche: Solange du nicht aus der Illusion der Vielheit herausstirbst, wirst du die All-Einheit nicht erfahren. *Nirvana* und *Samsara* sind eins, heißt es im Mahayana-Buddhismus. Darum flüchte nicht nach innen, und flüchte nicht nach außen. Halte dich nicht am Außen fest, indem du sagst: Gut, was brauche ich denn innen, wenn alles eins ist. Und halte dich nicht an deinem Inneren fest, indem du sagst: Innen nur muß ich es finden. Sondern gehe nach innen, und sei lebendig und offen nach außen. Der chinesische Zen-Meister Mi-an (12. Jh.) sagt:

> Hast du das erreicht, so bist du wie der Drache über den Wolken, wie der Tiger in den Bergen. Überall bist du klar und in Ruhe, überall bist du frei, zu kommen und zu gehen, wie es dir gefällt. Überall kannst du nun «den Wind entfesseln und das Gras erzittern lassen». Du haftest nicht an Taten und sitzt nicht tatenlos herum.

Mit anderen Worten: Mache das Innen zu einem Außen und das Außen zu einem Innen. Dann wirst du erleben, daß alles die eine alleserfüllende Ganzheit des Seins ist, die alles in sich beschlossen hält.

Die Meditationspraxis des Za-Zen, des Sich-Versenkens in die Buddha-Natur, ist ein Mittel, um dich in das Hier und Jetzt zu bringen. Wenn du Za-Zen praktizierst und dich mit deinem ganzen Sein darauf einläßt, wirst du im Laufe der Zeit immer mehr in deine Mitte kommen. Dieses Ruhen in deiner Mitte, dieses Innesein bewahre auch, wenn du die Meditation beendest. Wenn du aufstehst und rausgehst, egal was du dann machst – laß die Stille nachklingen! Das ist sehr, sehr wichtig. Dies betrifft ebenso die Dharma-Predigten, die ich halte. Da rede ich nicht von Kopf zu Kopf, von meinem Schädel zu eurem Schädel, sondern – von Herz zu Herz. Denn da es im Zen kein Verständnis durch Worte gibt, gibt es nur eine Übertragung von Herz zu Herz, *ishin-denshin,* von meinem Herzen zu deinem Herzen. Deshalb ist es sehr wichtig, daß ihr die Essenz dieser Predigten anschließend nachklingen laßt.

Wenn ihr in einem Konzert eine wunderbare Sinfonie hört, sagen wir die Jupiter-Sinfonie von Mozart, werdet ihr ja auch nicht gleich auf der Heimfahrt das Autoradio aufdrehen und laute Rockmusik hören. Ihr werdet vielmehr bemüht sein, das Konzert nachklingen zu lassen. Ebenso sollt ihr das Göttliche Wort nachklingen lassen, auf daß es ständig ohne Unterlaß in euch gegenwärtig ist. Das ist wahre Religion. Religion kommt von religare, sich rückverbinden mit dem Göttlichen. Das ist so zu verstehen, daß ihr euch ständig, immer und überall auf diese euch tragende, allgegenwärtige Göttliche Wirklichkeit einlaßt, und sie somit zulaßt. Dann werdet ihr immer mehr erfahren, daß euer ganzes Leben spirituell wird, daß ihr zu einem *mystischen Leben* kommt, mitten im Trubel der Welt.

Viele glauben, wenn sie vom spirituellen Leben hören, daß es die Sexualität ausschließt. Dies ist jedoch ein großer Irrtum. Um das zu verstehen, ist es notwendig zu wissen, daß es keine verschiedenen Energien gibt, daß sexuelle und spirituelle Energie sich durch nichts, aber auch durch gar nichts unterscheiden. Sexuelle Energie ist nichts anderes als der körperliche Ausdruck universeller und somit spiritueller Energie. Ein wahrer spiritueller Mensch ist demzufolge auch kein feierlicher, geschlechtsloser Asket. Denn wer die sexuelle Energie ablehnt und unterdrückt, kehrt sich damit gegen das Leben selbst und wird niemals im Stande sein, zu einer höheren spirituellen Verwirklichung zu gelangen. Wenn ihr eure Sexualität unterdrückt, wird sie nur auf irgendeine entartete Weise zum Ausdruck kommen.

Auf dem tantrischen Weg – dem Weg der Umwandlung der Energien – geht es nun darum, daß ihr lernt, eure sexuelle Energie zu nutzen und sie in spirituelle Energie umzuwandeln. So daß ihr, wenn ihr in der sexuellen Vereinigung zusammen seid, keine Unterscheidung macht und denkt: Jetzt bin ich sexuell – vorhin war ich spirituell. Eure Aufmerksamkeit darf während der sexuellen Vereinigung nicht geteilt sein. Ihr müßt völlig in der sinnlichen Erfahrung versinken. Denn nichts anderes auf der Welt, was es auch sei, ist in diesem Moment wichtig. Seid ganz da, und vergeßt, daß eine Welt außerhalb der Zweisamkeit existiert. Gebt euch ganz hinein und löst euch in dem anderen auf – vergeßt euch.

Solch eine erhöhte sinnliche Erfahrung beruhigt das Fließen der Gedanken, und je ruhiger der Gedankenfluß wird, desto länger und intensiver ist das Erlebnis von Glückseligkeit. Das Erleben von Glückseligkeit in der normalen sexuellen Vereinigung ist meistens sehr kurz und beschränkt sich oft nur auf einen kurzen Moment des Orgasmus. Im tantrischen Liebesakt kann diese Erfahrung jedoch auf einen längeren Zeitraum, sogar bis auf Stunden ausgedehnt werden. Was vorher nur eine kurze, vorübergehende Freude war, wird so zu einer Erfahrung großer Intensität und tiefer Ruhe.

Hierdurch aktiviert sich ein hohes Maß an spiritueller Energie, so daß euch der Liebesakt auf die höhere Ebene des mystischen Bewußtseins erhebt. Das Wesentliche hierbei ist, wirklich ganz im gegenwärtigen Augenblick des Hier und Jetzt aufzugehen, wenn euch die sexuelle Vereinigung über die nur körperlichen Freuden hinausführen soll. Dann wird für euch der Liebesakt zu einem gemeinsamen Betreten einer höheren Welt.

Je weiter ihr auf eurem geistigen Weg fortschreitet, desto mehr werdet ihr fähig sein, während der sexuellen Vereinigung und in allen anderen Situationen des Lebens ganz entspannt im gegenwärtigen Moment aufzugehen. Und indem ihr euch so dem Ewigen überlaßt, werden Raum, Zeit und Orgasmus ihre Wichtigkeit verlieren, so daß der ganze Liebesakt zur Meditation wird. Die Vereinigung von Mann und Frau ist im allgemeinen die Vereinigung zweier Körper, doch wenn die sexuelle Vereinigung im tantrischen Liebesakt zur Meditation wird, findet die Vereinigung zweier Seelen statt.

Überall, wo Vielheit ist, ist Nicht-Wissen. Im Tao Chan geht es darum, daß ihr alles als das Eine erlebt, indem ihr euch mit eurem ganzen Sein auf das Hier und Jetzt einlaßt. Wenn ihr euch solcherart auf das Sein einlaßt, dann werdet ihr sagen können: «Du bist ich, und ich bin du; in unserem Selbst umfangen wir das All.» Es geht also darum, daß ihr euch bemüht, euer ganzes Leben zu einem spirituellen Leben zu machen, und daß ihr die Wirklichkeit des Einen Geistes als das tragende Fundament erkennnt, von dem ausgehend ihr alles tun könnt.

Wenn ihr dieses Fundament habt und darin verankert seid, dann fallt ihr nicht mehr heraus aus der Wirklichkeit. Das ist der entscheidende Faktor: daß du mitten in der Welt lebst und das Leben er-lebst und dabei in deinem Wahren Sein, in der allumfassenden Ganzheit des Seins ruhst. Dann offenbart sich die Göttliche Herrlichkeit überall und zu jeder Zeit. Du mußt dich nur darauf *einlassen*.

Darum ist es wichtig, daß du dich losläßt und dich auf das, was du gerade tust, ganz einläßt, so daß du mit den Dingen im Einklang stehst. So gelangst du immer mehr zur multidimensionalen, allumfassenden Schau, in der du alles als ein Zugleich siehst und dir bewußt wirst: *Alles ist das Eine.*

Das ist dein Wahres Angesicht vor deiner Geburt. Es ist stets da, stets gegenwärtig. Für dich ist es jedoch nur dann erfahrbar, wenn du im Hier und Jetzt bist. Die Wirklichkeit ist jetzt, doch bist du im Dann und Wann, dann bist du in der Vielheit. Wenn du aber *jetzt* ganz da bist, dann stirbst du hinein in den Göttlichen Grund. – HO!!! – Und alles ist gut, so wie es ist. Alles offenbart sich dann als die allumfassende Göttliche Herrlichkeit. Diese Dimension könnt ihr jedoch nicht erfahren, wenn ihr auf eurer Suche nach der großen Erleuchtung blind seid für die Wirklichkeit, die sich *in diesem Augenblick – jetzt –* offenbart. Denn gerade eure Suche nach Erleuchtung verhindert, daß ihr die Realität, so wie sie ist, erlebt.

Eure Erleuchtungs-Jagd hält euch davon ab, das, was jetzt, hier in diesem Moment geschieht, zu erfahren. In eurer ständigen Erwartung, daß eines Tages das wundervolle Erwachen geschieht, versäumt ihr das Notwendige für den gegenwärtigen Augenblick. Auf diese Weise versinkt ihr immer mehr in dem Leidensmeer des Samsara und merkt nicht, daß ihr gerade durch euer Suchen euer Leiden aktiviert. Ihr hofft ständig darauf, irgendwann dieses Eine zu finden, das alles Leiden beenden wird. Doch ich sage euch: Es ist genau umgekehrt. Ihr müßt zuallererst euer Suchen aufgeben. Hört auf zu suchen, und laßt euch auf die absolute Realität des Hier und Jetzt ein! Der chinesische Zen-Meister Yüan-wu (12. Jh.) sagt:

> Wenn du die unmittelbare Erfahrung des Zen wünschst, so suche sie vor allem nicht. Was durch Suchen erlangt wird, ist schon durch das Denken verunreinigt. Der große Schatz des Zen liegt offen und klar vor dir und ist schon immer die Quelle deines Lebens gewesen.

> Erst wenn du den Umtrieben deines Denkens Einhalt gebietest und den Punkt erreichst, wo alle Dinge ungeboren sind, brichst du durch zur Freiheit – du versinkst nicht mehr in Gefühlen, du verweilst nicht mehr bei Begriffen, sondern transzendierst alles ganz und gar. Dann ist Zen überall in der Welt überdeutlich gegenwärtig, und die Gesamtheit aller Dinge allenthalben verwandelt sich in sein großes Wirken.

Bringe dich immer wieder in das Jetzt, und wenn es am Tag hunderttausendmal geschieht. Immer wieder bringe dich in das Jetzt, indem du das, was du gerade tust – was es auch sei – bewußt machst, so daß du nicht, wenn du das eine tust, schon daran denkst, was danach kommt.

Und das bedeutet, wenn du dich gleich von deinem Meditationskissen erhebst, daß du *bewußt* aufstehst, im vollen Bewußtsein der Würde deiner Göttlichen Natur. Wenn du dann das Kissen nimmst und es gegen die Wand lehnst, dann sei ganz eins mit deinem Tun. Und wenn du läufst, erlebe ganz bewußt die Berührung der Fußsohlen mit dem Fußboden; denn das Tao liegt unter deinen Füßen. Das ist wahre Zen-Praxis, der Weg zur Befreiung – Tao Chan, der aktive Zen-Weg.

Jetzt in der Pause unseres Sesshins habt ihr die wunderbare Gelegenheit, das soeben Gehörte zu praktizieren. – Gong!!! –

7

Hindernisse auf dem Weg zur Erleuchtung

Wenn Menschen sich eifrig im Zen schulen, aber trotzdem nicht Erleuchtung finden, kann das an mancherlei Hindernissen liegen. Es kann sein, daß sie im Morast der Zen-Sprüche steckenbleiben. Es kann sein, daß sie wie erstarrt in einer Sphäre staunenswerter Wunderdinge sitzen. Es kann sein, daß es an der leeren Nicht-Form liegt. Es kann daran liegen, daß man immer nur Zen oder Buddhismus im Sinn hat. Es kann daran liegen, daß man sich um der Erleuchtung willen über die Verblendung hinwegsetzen möchte. Es kann daran liegen, daß sie am Anfang keinem wahrhaft erleuchteten Meister begegnet und dadurch in ein Dickicht von Schlingpflanzen geraten sind.

(Zen-Meister Mi-an, 12. Jh.)

Wenn Menschen sich eifrig im Zen schulen, aber trotzdem nicht Erleuchtung finden, kann das an mancherlei Hindernissen liegen.

Es gibt Menschen, die sich ernsthaft auf dem geistigen Weg bemühen und wirklich guten Willens sind, aber trotzdem nicht zu ihrem Wahren Sein finden. Bei ihrer spirituellen Praxis stoßen sie auf sehr viele Hindernisse, die Mi-an hier aufführt.

Es kann sein, daß sie im Morast der Zen-Sprüche steckenbleiben.

Das ist gerade im Zen eine große Gefahr, weil Zen keine Praktiken vermittelt wie zum Beispiel Visualisationsübungen, Niederwerfungen und vieles andere mehr, sondern lediglich immer nur auf das Eine verweist. So besteht die große Gefahr, daß der Schüler sich an den Aussagen großer Meister festklammert und jetzt deren «Kenntnis» mit dem «Verständnis» dieser Aussagen verwechselt. Er meint, weil er sie kennt und in gewissen Situationen auch irgendwelche schönen Zen-Sprüche von sich geben kann, hätte er schon ein wirkliches Verständnis des Zen.

Auf diese Weise kann es geschehen, daß ein Zen-Schüler in gewissen Situationen, in denen es notwendig wäre loszulassen oder sich auf eine Sache ganz einzulassen, sich stattdessen an irgendwelchen «Zen-Floskeln» festklammert und sagt: «Es gibt nichts zu erreichen, alles ist schon wesenhaft in mir. Es gibt keine äußere Welt. Alles ist nur Erscheinung. Geburt und Tod gibt es auch nicht, und demzufolge gibt es auch kein Sich-Ausrichten auf eine Befreiung.» Und das ist der Morast, in dem er steckenbleibt.

Es kann sein, daß sie wie erstarrt in einer Sphäre staunenswerter Wunderdinge sitzen.

Es kann geschehen, daß ihr während eurer Meditation wunderbare Dinge erlebt und die herrlichsten Visionen habt und daß ihr dann sagt: Das ist es. Aber das ist es eben nicht. Das hat mit echter spiritueller Erfahrung nichts, aber auch wirklich gar nichts zu tun. Wenn ein Mensch in seiner Za-Zen-Praxis *Makyos,* das heißt Visionen und sonstige Phänomene erlebt, dann bedeutet das zwar einen Fortschritt auf dem geistigen Weg, denn der Geist klärt sich, und dadurch geschehen dann solche Dinge. Aber sowie ihr euch daran festklammert, in dem Augenblick werden sie zur Fallgrube. Man muß alles übersteigen, was es auch sei. Das Wesentliche ist, daß ihr zu einer solchen Bewußtseinsverfassung der Unerschütterlichkeit kommt, daß ihr in jeder Situation des Lebens in dieser gelösten, entspannten Haltung der Unerschütterlichkeit des Geistes verweilt.

Diese Bewußtseinsverfassung ist vor allem auch im Augenblick des Sterbens von ausschlaggebender Bedeutung. Derjenige, der in der Unerschütterlichkeit des Geistes steht, der wird auch im *Bardo,* dem Zwischenzustand zwischen Tod und Wiedergeburt – wenn die karmischen Projektionen sich erheben – die trügerische Natur aller Erscheinungen durchschauen. Er wird in allen Situationen den *Gleichmut* des Geistes bewahren.

Die Verwirklichung von Gleichmut ist eines der wesentlichen Elemente der spirituellen Praxis des Buddhismus. Aber Gleichmut wird von vielen allzu schnell als «Gleichgültigkeit» verstanden. Doch Gleichgültigkeit verstärkt nur den «Ego-Wahn», denn sie ist immer Folgeerscheinung des Nicht-Wissens. *Gleichmut* hingegen bedeutet, daß du in allen Situationen des täglichen Lebens in der Unerschütterlichkeit des Geistes stehst. Das heißt, daß du dich mitten im Trubel des alltäglichen Lebens auf alle Veränderungen einstellen kannst, der Situation gemäß handelst und dabei gelassen bleibst. Gleichmut, im Gegensatz zur Gleichgültigkeit, heißt aber auch, daß du aus deiner Erkenntnis der Allverbundenheit mit allen Wesen, im allumfassenden Mitleid, mitten in der Welt lebst, stets bereit, anderen zur Befreiung zu verhelfen. Das allumfassende Mitleid ist überhaupt die Grundvoraussetzung für spirituellen Fortschritt.

Es gibt viele Menschen, die vom geistigen Weg hören und sich dann damit auseinandersetzen. Sie lesen spirituelle Bücher und praktizieren alles mögliche. Und dann hören sie vom Zen, dem Weg zur Erleuchtung, und vom Loslassen und sagen: Das ist es. Das ist der wahre Weg, nur noch das und sonst nichts. Dann sitzen sie auf dem Meditationskissen und machen ihren Geist leer, indem sie versuchen alles Denken auszuschalten. Zen nennt dies: «Haften am schweigenden Stillsitzen.» Hierzu sagt der chinesische Zen-Meister Lin-chi (9. Jh.):

> Wenn ich sage, es gebe außen nichts, so meinen Schüler, die mich nicht verstehen, das Innere sei gemeint; also sitzen sie still und stumm und meinen, das sei Zen.
> Das ist ein großer Irrtum. Wenn ihr meint, ein Zustand unbewegter Reinheit sei Zen, so erkennt ihr die Unwissenheit als euren Sklaventreiber an.

Wer auf diese Weise praktiziert, gelangt nur in einen Zustand, der im Sanskrit *manolaya* heißt, in einen dumpfen, trägen Geisteszustand. Und viele meinen dann, das sei der wahre Weg zur Erleuchtung.

Einer der zentralen Gedanken des Mahayana-Buddhismus ist *Bodhichitta,* wörtlich: «Erleuchtungsgeist». *Bodhichitta* heißt Streben nach Erleuchtung zum Wohle aller Lebewesen. Solange ein Mensch nur die Erleuchtung für sich alleine anstrebt und denkt: Ich will Erleuchtung erlangen und die Welt hinter mir lassen; ich will mit den Menschen und ihrem Nicht-Wissen nichts mehr zu tun haben – solange einer so denkt, wird er niemals Erleuchtung erlangen. Er kann noch so viele Millionen von *Kalpas* (von Weltenzeitaltern) hin- und herrasen wie ein wild gewordener Affe – von Inkarnation zu Inkarnation –, doch er wird die Erleuchtung nicht erfahren. Denn der

Durchbruch zu diesem befreienden Erwachen setzt die Einsicht des Nicht-Getrenntseins von allen Wesen voraus. Dies erfordert von dem geistig Suchenden eine geistige Grundhaltung, die sich ohne jede Begrenzung dem Leben in seiner Universalität öffnet. Solch ein ganzheitliches Offensein beinhaltet ein inneres Ergriffensein von dem Schmerz und der Qual aller leidenden Wesen.

Aus dieser Geisteshaltung resultiert dann der Wunsch, Erleuchtung zu erlangen, um diesen Wesen zur Befreiung zu verhelfen. Denn erst in dem Moment, wenn du selbst befreit bist, wirst du auch anderen zur Befreiung verhelfen können. In der Sprache des Zen heißt dies: «Ein Donnerschlag bei klarem blauen Himmel. Alle Wesen auf Erden haben ihre Augen geöffnet.» Denn in dem Augenblick, wenn *du* erwachst, sind alle Wesen erwacht. In dem Augenblick, wenn du erwachst aus deinem Traum, in dem sich eine Unzahl von Lebewesen befinden und leiden, sind alle vom Leid befreit. Also ist *Bodhichitta* der Wunsch, Erleuchtung zu erlangen, um somit den ganzen Spuk einer dreidimensionalen, vielheitlichen Welt in die Leerheit aufzulösen.

Wer das nicht versteht und nur die enge, begrenzte, dualistische Betrachtungsweise von der «Welt als Objekt» hat und sich als ein «Ich» versteht, das jetzt von dieser Welt, von dieser objektiven Gegebenheit befreit werden möchte, der verfestigt dadurch immer mehr die Illusion einer äußeren Erscheinungswelt. Und je mehr er versucht, dagegen zu kämpfen, desto mehr stabilisiert sie sich.

Weil dem so ist, gibt es nur einen einzigen Weg der Befreiung, und dieser Weg ist: *heraussterben* aus der Illusion von Subjekt und Objekt, aus der Illusion einer äußeren Erscheinungswelt und der Wahnvorstellung eines Ichs. Denn in dem Augenblick, wenn du den «Großen Tod» stirbst, offenbart sich, daß alles – Ich und Du und äußere Erscheinungswelt – nichts anderes war als ein Traum.

Doch durch das Nicht-Wissen geschehen Projektionen auf der Oberfläche des Bewußtseins, mit denen das Bewußtsein sich identifiziert, und so erhebt sich das Verlangen zum Ergreifen. Ergreifen heißt: «Haben-Wollen», und das beinhaltet gleichzeitig auch die Tendenz des «Verdrängens». All das ist Ergreifen. Denn die Tendenz des Verdrängens ist ja nur ein Verdrängen in Bezug darauf, daß man einen anderen Zustand oder einen anderen Formbereich haben und somit ergreifen möchte. All das ist ein «Prozeß» – der *Ahamkara*-Prozeß. Und dieser *Ahamkara*-Prozeß ist «der Prozeß der Ego-Aktivierung». Darum heißt das Sanskritwort *Ahamkara:* «Ego-Macher».

«Das Ganze ist größer als die Summe seiner Teile», sagt Pythagoras. Alles hängt zusammen. Im Buddhismus werden die *Skandhas* (Körperlichkeit, Empfindungen, Wahrnehmungen, Geistesregungen und Bewußtsein) als die den Persönlichkeitswahn bildenden einzelnen Bestandteile bezeichnet. Diese werden von den meisten jedoch «nur» auf die Persönlichkeit bezogen. Aber diese *Skandhas* beziehen sich auf den gesamten Erfahrungsbereich des *Samsara,* und somit auch auf die fünf *Elemente.* Das heißt: Körperlichkeit, Empfindungen, Wahrnehmungen, Geistesregungen und Bewußtsein entsprechen Erde (das Feste), Wasser (das Flüssige), Feuer (das Hitzige), Luft (das Bewegende) und Äther (der Raum).

Alle diese Elemente sind Dimensionen der Wahrnehmung. Sie sind in Wirklichkeit nichts anderes als *rein mentale* Bewußtseinseindrücke, durch die die Illusion einer äußeren Erscheinungswelt hervorgerufen wird. Das heißt, diese Bewußtseinseindrücke sind vorausgegebene Bedingungen, die überhaupt erst die Illusion einer äußeren Erscheinungswelt ermöglichen. Aber all das ist nur ein Prozeß, der sich ständig immer wieder aktiviert und auf diese Weise dieses ganze Traumbild, diese *Maya,* die «große Illusion», hervorruft.

Ihr könnt noch so viel gegen die einzelnen Erscheinungsweisen dieser Illusion kämpfen, das nützt euch gar nichts. Auch wenn ihr tausend Therapien macht und alle möglichen psychologischen Tricks studiert, wie man mit den verschiedenen Situationen des täglichen Lebens umgeht –, das heißt letzten Endes alles doch nur Öl ins Feuer gießen.

Es gibt nur einen einzigen Weg zur Befreiung, und dieser Weg ist: *aufwachen!* Es gibt keinen anderen Weg. Du kannst in deiner Traumwelt noch so viele Dämonen, das heißt «negative Gedankenassoziationen» vernichten, es werden immer neue auftauchen. Also: *aufwachen!* Doch aufwachen kannst du nur durch geistige Klarschau, das heißt, indem du erkennst, daß diese Welt, in der du lebst, nichts weiter als «Illusion» ist; daß sie nur Form ist, ohne Substanz; daß sie kein Sein aus sich selbst hat.

Die Welt ist einfach nur Form, und somit leer. Ich kann zum Beispiel ein Haus auf ein Blatt Papier zeichnen, einfach mit Umrissen, und jeder sieht jetzt – da ist ein Haus. Es ist aber nur eine Form. Da ist kein Haus. Ebenso ist es auch mit der Kinoleinwand, auf die ein Film projiziert wird. Ihr seht alle möglichen Dinge und Lebewesen so wirklich, daß ihr euch ganz mit dem Geschehen identifiziert. Und dabei ist überhaupt gar nichts los. Alles ist nur Form. Alle die verschiedenen Formen unterscheiden sich letzten Endes nur durch Hell-Dunkel-Werte, und diese wiederum sind nichts anderes als Licht. Alles ist Licht, das heißt, alles ist ein Spektrum von Farben, und Farbe ist nichts anderes als Licht. Die erste Erscheinungsweise des Geistes ist *Licht.*

Und so geht es darum, daß ihr im Traum des *Samsara* alle Erscheinungen als das erkennt, was sie sind, nämlich: *GEIST.*

Der Wahrnehmende, das Wahrgenommene und der Wahrnehmungsprozeß – alles ist der *Eine Geist;* so wie das Meer und die Wellen auf der Oberfläche des Meeres ein einziges Meer sind.

Zen heißt: die Dinge sehen, wie sie sind. Dann werdet ihr erkennen, daß alles nur eine Projektion des Geistes ist. Stellt euch vor, ihr träumt, daß ein Riese vor euch steht mit einem großen Schwert und euch erschlagen will, doch plötzlich werdet ihr euch bewußt: Es ist nur eine Projektion des Geistes, es ist alles nur Vorstellung – in dem Augenblick löst sich der ganze Spuk auf. Wenn ihr die Dinge klar seht, in dem Augenblick könnt ihr sie auflösen in die Leerheit. Und nichts gibt es mehr zu fürchten. Meister Mi-an sagt weiter:

Daß man nicht Erleuchtung erlangt, kann auch an der leeren Nicht-Form liegen.

Das bedeutet, daß ihr euch in eurer geistigen Verblendung an der leeren Nicht-Form, an der Leerheit festklammert. Das heißt, daß ihr einfach nur auf eurem Meditationskissen sitzt und die Leerheit zum Objekt macht, dem ihr hinterherjagt. Ihr hängt fest an eurer «Vorstellung» von Leerheit. So, wie der Mönch, der zu Zen-Meister Joshu kommt und sagt:

> «Schau, Meister, ich habe alles losgelassen (das heißt, in die Leerheit aufgelöst). Was sagst du dazu?» Und Joshu antwortet ihm: «Gut, dann schmeiß es weg.» Da sagt der Mönch ganz erstaunt: «Aber Meister, ich habe dir doch eben gesagt, daß ich alles losgelassen habe. Was soll ich denn jetzt noch wegschmeißen?» – «Ach so», sagt Joshu, «wenn das so ist, dann mußt du es weitertragen.»

Der Mönch hatte das Loslassen objektiviert und sich an der Vorstellung des Losgelassen-Habens festgeklammert.

Daß man nicht Erleuchtung erlangt – trotz eifrigen Bemühens –, kann natürlich auch daran liegen, daß man immer nur Zen oder Buddhismus im Sinn hat.

Mit anderen Worten: Es kann sein, daß man immer nur von der Scholastik, der buddhistischen Philosophie ausgeht oder daß man immer nur die Aussprüche der alten Meister im Kopf hat und vor lauter Mondos und Koans nicht mehr ein noch aus weiß. Aber im Zen geht es darum, alles zu übersteigen und auf die Essenz zu kommen – nur darum geht es.

Es kann aber auch daran liegen, daß man sich um der Erleuchtung willen über die Verblendung hinwegsetzen möchte.

Viele haben nur noch die Erleuchtung im Kopf. Sie wollen die Erleuchtung erlangen, um dadurch der Welt zu entfliehen. Sie sitzen nur noch auf dem Meditationskissen, um die Welt auszuschalten. Der chinesische Zen-Meister Ying-an (12. Jh.) sagt hierzu:

> Es gibt Menschen, die an der dumpfen Stille haften und von nichts Notiz nehmen. Nachdem sie die Speisen der Gemeinschaft zu sich genommen haben, sitzen sie wie tot da und warten auf die Erleuchtung. Solche Menschen sind wie Tonklumpen in windschiefen Hütten tief in den Bergen und Wüsten. Sie mögen sich einbilden, sie seien buddhistische Meister von unwandelbarer Weisheit, doch sie verbrauchen einfach nur die Almosen der Gläubigen.

Es geht in der Praxis des Tao Chan, des ursprünglichen lebendigen Zen, darum, daß ihr die Welt der Verblendung annehmt, wie sie ist. Es geht darum, daß ihr nicht die Welt flieht, sondern, daß ihr das, was ihr in der Stille geübt habt, mitten in den turbulentesten Tätigkeiten des Alltags verwirklicht. Dieses Praktizieren von spiritueller Erkenntnis *mitten in der Welt* ist der Weg des Tao Chan, des aktiven Zen, der Weg der Auflösung aller Gegensätze. Deshalb heißt es im Mahayana-Buddhismus: *Nirvana* ist *Samsara,* und *Samsara* ist *Nirvana.*

Doch diese Aussage nützt euch gar nichts, wenn ihr sie nur im Kopf habt oder darüber lest und dann sagt: Tatsächlich, so ist es. Das bringt euch nicht weiter. Das hat überhaupt keinen Wert, wenn ihr es nicht *selbst* erfahrt. Es geht hier nicht nur um irgendein fadenscheiniges Lippenbekenntnis, so wie es bei manchen religiösen Institutionen Brauch ist, in denen man sich einfach nur zu einer Glaubensformel bekennt – und schon hat man seinen Anteil an der Erlösung. Das wäre genauso, als wenn ihr jetzt sagen würdet: Oh, wir haben so einen großen Hunger, man, also, mir knurrt ja der Magen. Und ich sage: Ich habe draußen im Eisschrank eine Menge Wurst und Käse, und Brot ist auch da. Glaubt ihr daran? Und ihr sagt: Ja. Dann sage ich: Gut, dann seid ihr alle satt. Ja, das käme auf das gleiche raus.

Das ist bei vielen Religionen so – bei den meisten sogar –, weil es nur um diesen «äußeren» Glauben, um dieses «Lippenbekenntnis» geht. Du glaubst an das Dogma – und schon bist du erlöst. Wunderbar! Das ist genauso, als wenn dir der Ober in einem Lokal eine Speisekarte hinlegt: Du liest sie – und dann kommt er mit der Rechnung.

Der Buddhismus ist ein Weg der Praxis, und Zen macht mit diesem Weg der Praxis wirklich radikal ernst. Im allgemeinen Buddhismus spricht man von *Satipatthana,* das heißt: «Vergegenwärtigung der Achtsamkeit». Doch Zen «macht» nicht diese Vergegenwärtigung der Achtsamkeit, sondern diese Achtsamkeit wird zu einem ununterbrochenen, *absichtslosen* Gewahrsein des Hier und Jetzt.

Es geht im Zen immer nur um eine totale Verfassung des spontanen, *absichtslosen* Gewahrseins – und das heißt: Jetzt hier sein – HO!!! (Der Meister schlägt mit seinem Stock auf den Tisch.) Das ist es. Das Ganze ist größer als die Summe seiner Teile. Wenn du das Eine hast, dann fällt alles in dieses Eine hinein, so wie alle Bäche und alle Flüsse hineinströmen in das große Meer. So ist das.

8

Der einzige Weg

Meister Kopp sitzt auf seinem *Dharma*-Sitz und schweigt.

Die Wahrheit des Zen ist jenseits aller Worte; demzufolge hat der *Dharma*-Vortrag schon begonnen, als ich noch schwieg. Denn allein schon dadurch, daß ich *jetzt hier* bin, wird bereits die Wahrheit des Zen, der *Dharma* offenbart. Wollt ihr diese Wahrheit, die sich jetzt hier, in diesem Augenblick offenbart, erfahren, dann gibt es nur *einen* Weg, nur eine *einzige* Voraussetzung, die erfüllt werden muß, und die ist: Sei gegenwärtig, in *diesem* Augenblick, jetzt-hier! – HO!!!

Wenn ihr jetzt ganz da seid, dann begegnen wir uns von Geist zu Geist, von Herz zu Herz, und ich kann mir viele überflüssige Worte sparen. Wer jetzt hier gegenwärtig ist, wer offen ist und mit dem Herzen hört auf jenes Wort, das aus dem Innersten des Herzens kommt, für den bedarf es nur eines kleinen Anstoßes – und er weiß, wer er ist. Und wenn er weiß, wer er ist, dann weiß er auch, wer er von jeher war und wer er in alle Ewigkeit sein wird.

Zen sagt: «Stirb, während du lebst, und sei ganz tot; und dann tu, was immer du willst, alles ist gut.» Dieser Aufruf zum mystischen Sterben hat für manchen einen erschreckenden

Beigeschmack und löst bei vielen Menschen Ängste aus. In Wahrheit sind solche Befürchtungen aber völlig unangebracht, da sie nur aus der Anhaftung an etwas Nichtexistentes resultieren – aus der Anhaftung an der Wahnvorstellung von einem «Ich». Wenn Zen sagt «Stirb, und sei ganz tot», dann heißt das: Laß all das sterben, womit du dich identifizierst und wovon du glaubst, daß es zu dir gehört. Körperlichkeit, Empfindungen, Wahrnehmungen, Geistesregungen und Bewußtsein, das alles laß los. Mit anderen Worten: Laß all das los, was mit dir, das heißt mit deinem Wahren Sein, nichts zu tun hat. Wenn ich jetzt zum Beispiel meine Hand vor die Lampe halte, seht ihr hier einen Schatten auf dem Boden. (Der Meister hält seine Hand vor die Lampe auf dem Seitenpodest.) Der Boden hat aber mit dem Schatten überhaupt nichts zu tun, und der Schatten nichts mit dem Boden. Doch wenn der Boden jetzt auf den Schatten schaut, sich damit identifiziert und sagt: Oh weh, oh weh, wie komme ich nur wieder raus aus dieser Dunkelheit, dieser Leidenswelt –, dann hat er sich, durch diesen Prozeß der Identifikation, seine Leidenswelt selbst geschaffen.

Eure Konditionierungen, eure Verhaltensmuster, und somit eure konditionierte Bild- und Wahnvorstellungen erzeugende Projektion schafft den ganzen *Samsara* – diese ganze samsarische Problematik. Aber es gibt keine Probleme. Es gibt nur ein einziges Problem, und dieses Problem bist du selbst. *Du* bist das Problem. Weil diese Einzelperson, für die du dich hältst, überhaupt nicht existiert. Denn es gibt keine individuelle Persönlichkeit, die sich von anderen individuellen Persönlichkeiten unterscheidet, genausowenig wie es eine Welle gibt, die sich von allen anderen Wellen auf der Oberfläche des Meeres unterscheidet. Alles ist das eine Meer, und ebenso ist alles der Eine Geist.

Es geht also darum, daß ihr zu solch einer Bewußtheit, zu solch einem Erleben der Wesensgleichheit mit allen Wesen kommt, daß sich jede Problematik und jede dualistische Spannung auflöst. Denn in dem Augenblick, wenn ihr im Kampf gegen eure eigenen Projektionen erkennt, daß da gar keine Feinde sind, sondern nur Schatten, dann könnt ihr aufhören zu kämpfen. Also, legt eure dualistischen Schwerter zur Seite und hört auf mit eurer Spiegelfechterei. Hört auf zu projizieren, seid keine Schattenkämpfer, sondern seht die Dinge als das, was sie sind – Widerspiegelungen eures unterscheidenden, projizierenden Bewußtseins.

Alles ist das Eine. Aber das könnt ihr nur mit dem Herzen verstehen, und nicht mit dem Verstand. Und wenn ihr es versteht, dann werdet ihr euch eingestehen müssen, daß alle Probleme – berufliche, partnerschaftliche oder sonstige Probleme – nur durch die dualistische Betrachtungsweise von Subjekt und Objekt entstehen. Hierzu sagt der chinesische Zen-Meister Yuan-sou (14. Jh.):

> Im Grunde ist da kein anderer, kein Ich, kein gewöhnlich, kein heilig, kein Geist, kein Buddha, kein Ding, kein Zen, kein Tao, kein Mysterium, kein Wunder. Nur durch einen Augenblick des subjektiven Unterscheidens, des Anhaftens und Zurückweisens, wachsen plötzlich lauter Hörner an deinem Kopf, und du wirst von den Zehntausend Dingen unentwegt hierhin und dahin gezerrt und kannst nicht frei und unabhängig sein.

Da, wo Zweiheit ist, da ist immer die Tendenz der Spannung, des Gegeneinanderwirkens und des Auseinanderstrebens. Die alten Taoisten sagten: «Laß allen Dingen ihren freien Lauf und hänge dich an nichts, und die Welt wird in Ordnung sein.»

Doch sowie ihr ergreifen wollt, sowie ihr die äußeren Dinge verändern wollt, verursacht ihr nur Unruhe. Ihr greift hinein in den klaren See, und dabei wühlt ihr den ganzen Schlamm auf, und es entstehen viele Wellen. Deshalb sagt Lao-tse: «Tut einer das Nicht-Tun, ist alles wohl getan.»

Dieses Nicht-Tun, *Wu-wei,* meint aber nicht das passive «Nichts-Tun», indem ihr nur noch da sitzt und denkt: «Ich tue gar nichts, denn man soll ja still sein und in sich hineinhören.» Nein, das ist es eben nicht, denn die Wirklichkeit des Einen Geistes offenbart sich überall und zu jeder Zeit. Alles liegt offen da, ihr braucht euch nur darauf einzulassen. Dem Leben selbst mangelt nichts. Nur wenn euer unterscheidendes, begriffliches Denken sich einmischt, dann unterbrecht ihr den Fluß des Lebens. Der Intellekt hat in vielen Bereichen des täglichen Lebens wohl seine Berechtigung, aber ihr dürft niemals zulassen, daß er den Fluß des Lebens blockiert. Keine logische Analyse und keine noch so hohe intellektuelle Spekulation wird euch je eurem Wahren Sein näherbringen; ganz im Gegenteil: Je mehr ihr es mit dem Verstand zu erfassen versucht, desto mehr entfernt ihr euch davon. In einem chinesischen Zen-Text aus dem 8. Jh., dem Hsin-hsin-ming, heißt es deshalb:

> Nicht erst zu suchen brauchst du die Wahrheit, dein Denken laß schweigen, nur darauf kommt es an.

Wo du gehst und wo du stehst, mitten in der Welt, überall offenbart sich die Göttliche Wirklichkeit in ihrer ganzen Herrlichkeit. Also geht es einzig und allein darum, daß du transparent wirst zu jener allesdurchdringenden, alleserfüllenden Wirklichkeit des Seins, die du selbst bist, die dich trägt und dich umfängt. Außen und innen, oben und unten, alles ist eins.

Darum sagt Zen: «Erkenne das Außen als innen und das Innen als außen.» Und dies bedeutet: Jede Unterscheidung fällt – die Unterscheidung von Subjekt und Objekt, die Unterscheidung von Raum und Zeit, von Vergangenheit, Gegenwart und Zukunft.

Und wenn dem so ist, daß Raum und Zeit Illusion sind, daß es kein Innerhalb und kein Außerhalb, kein Zuvor und kein Danach gibt, dann ist alles ein Zugleich in einer allumfassenden Ganzheit, die alles in sich beschlossen hält. Dann ist China oder der Nordpol dir genauso nah wie deine Nasenspitze, und der Tag, der vor 2000 Jahren war, findet jetzt in diesem Augenblick statt. Und da dem so ist – HO!!! –, fand auch die Geburt Gottes nicht vor 2000 Jahren in Bethlehem statt, sondern sie ereignet sich *jetzt* in diesem Augenblick in dir selbst.

Aber diese Geburt kann nur dann stattfinden, wenn alles andere stirbt. Deshalb sprechen die christlichen Mystiker von der dunklen Nacht der Sinne und des Geistes. So kam Buddha zur Erleuchtung, als er in der Dunkelheit den Morgenstern erblickte. Dieser Morgenstern ist das Fünklein in der Seele, von dem die christlichen Mystiker sprechen. Meister Eckhart sagt: «Im Grunde der Seele leuchtet ein Fünklein, das ist Gott so verwandt, daß es Gott gar selbst ist.»

In dem Augenblick, wenn du ganz hineinfällst in dieses kleine Fünklein, wirst du erleben, daß es das ganze Universum umfängt. Diese allesdurchdringende, allesumfassende Ganzheit des Seins ist der *Eine Geist,* neben dem nichts anderes existiert.

Alles, was ihr als existent wahrnehmt, ist Projektion des samsarischen Bewußtseins, das aus seinen Konditionierungen, den *Samskaras,* das heißt aus den karmischen Triebkräften heraus, diesen ganzen karmischen Samen aktiviert. Dies ist der Samen, der dann aufgeht und gemäß eurer karmischen Voraussetzungen diese ganze Szenerie, diesen Hokuspokus einer äußeren Erscheinungswelt – wie sie jeder einzelne erlebt – projiziert. Hierbei erlebt ihr eure projizierten Vorstellungen als so unheimlich stabil, daß ihr gar nicht merkt, wie ihr euch selbst in euren eigenen Wahnvorstellungen einfangt. Eure Konditionierungen, eure ganzen Verhaltensmuster und eingefahrenen Denkgewohnheiten schaffen ein Umfeld, in dem ihr euch gefangen fühlt und aus dem ihr nicht mehr herauskommt. Und wenn ihr jetzt versucht, herauszukommen aus eurem selbstgeschaffenen Kerker, und meint: Man muß hier ein bißchen verändern und dann da ein bißchen und so die Mauer abbauen –, dann wird die Mauer immer nur dicker.

Es gibt nur einen Weg zur Befreiung, und der ist: Stirb, während du lebst, und sei ganz tot; und dann tu, was immer du willst, alles ist gut. Mit den Worten des chinesischen Zen-Meisters Ta-hui (12. Jh.):

> Wenn man seinen Geist jählings in die unergründliche Tiefe entsinken läßt, die Verstand und Denken niemals zu erreichen vermögen, wird man den absoluten, strahlenden Dharmakaya schauen. So befreit man sich selbst vom Samsara.

Heraussterben aus der Illusion einer dreidimensionalen raumzeitlichen Welt, das ist der Weg. Da du dieses Heraussterben aus dem *Samsara* aber nicht «machen» kannst, indem du es machen «willst», gibt es nur eine einzige Möglichkeit zur Befreiung, und die ist: Wenn du jetzt wirklich ganz hier bist und dich radikal – mit Körper, Atem und Geist – auf dein Wahres Sein einläßt, in dem Augenblick lösen sich alle Projektionen auf.

Wenn keiner dieses Wahngebilde einer äußeren Erscheinungswelt mehr projiziert, ist auch keine äußere Welt mehr da. Wenn du jetzt hier bist und dein ganzes Sein auf diesen einen

Punkt des Hier und Jetzt bringst –HO!!! –, dann stirbt alles ab. Und wenn alles stirbt, bleibt nur eins übrig: *Sunyata,* die Leerheit – die grenzenlose Weite deines Wahren Angesichts vor deiner Geburt. Der ganze illusorische Bereich löst sich auf, und die Eine Wirklichkeit strahlt auf. Dann wirst du erleben, daß alles ein einziges großes erleuchtendes Ganzes ist, allgegenwärtig, vollkommen, still und rein. Es ist wie ein alles umfassender Spiegel, der die Berge, die Flüsse und Himmel, Sonne, Mond und Sterne widerspiegelt. Dann wirst du erkennen, daß das ganze Universum sich innerhalb des wunderbaren, erleuchteten Einen Geistes befindet.

«Das Ganze ist größer als die Summe seiner Teile», sagt Pythagoras. Wenn du von diesem Ganzen ausgehst, von dieser Einen Wirklichkeit, die dich durchdringt, dich umgibt und die du selbst bist, in dem Augenblick verlieren alle Probleme, alle diese «Pseudo-Wichtigkeiten» des täglichen Lebens ihre Bedeutung. Du siehst dann alles als ein Zugleich. Nur in der verengenden Betrachtungsweise der «Strohhalm-Perspektive» siehst du eine vielheitliche Welt.

Stellt euch vor, ihr würdet seit eurer Geburt nur durch einen Strohhalm schauen. Da seht ihr hier ein Pünktchen, da einen hellen Fleck und dort einen dunklen Fleck. Ihr seht etwas Eckiges und dann etwas Rundes und denkt – das ist die Welt. Aber in dem Augenblick, wenn ihr den *Großen Tod* sterbt, das heißt, wenn der Strohhalm fällt, dann seht ihr auf einmal alles als ein Zugleich.

Die vielheitliche Wahrnehmung ist die aus dem Nicht-Wissen hervorgegangene Betrachtungsweise des unterscheidenden, begrifflichen Denkens. Und da, wo Unterscheidung ist, da ist Annehmen und Verwerfen. Da gibt es gut und böse. Das eine ist gut, das andere ist böse. Das eine nehmt ihr an, das andere lehnt ihr ab. Und so geht es das ganze Leben hindurch.

Ihr alle hier befindet euch auf dem geistigen Weg, ihr meditiert und lest geistige Bücher. Doch wenn ihr denkt: «Ich bin auf dem geistigen Weg, und alles Ungeistige lehne ich ab» –, dann seid ihr auch schon wieder in der Dualität. Dann haltet ihr an der «Reinheit» fest. Aber das Festklammern an der Reinheit ist schon wieder ein Aufwirbeln des Schlamms des Nicht-Wissens.

Das Reine und das Unreine sind eins. *Nirvana* und *Samsara* sind eins. Der Schlamm des *Samsara* und der reine, aus sich selbst strahlende *Dharmakaya* sind ein und dieselbe Wirklichkeit. Solange ihr noch in eurem dualistischen, begrifflichen Denken gefangen seid, werdet ihr nicht erkennen, daß der Samsara, so wie ihr ihn erlebt, nur durch eure eigenen Unterscheidungen geschaffen wird. Nur aufgrund eurer geistigen Blindheit verwandelt ihr ständig den reinen Selbst-Geist in einen gierigen Geist, in einen zornigen Geist oder in einen trägen Geist des Nicht-Wissens.

HO!!! – Befrei dich von allem! Stirb, während du lebst, und sei ganz tot; und dann tu, was immer du willst, alles ist gut. Dann wird die ganze Welt, der ganze durch Gier, Haß und Verblendung bedingte *Samsara* zu einem großen, strahlenden *Bodhimandala* – zu dem großen *Mandala* der alldurchdringenden, allumfassenden Erleuchtung. Und das ist dein Wahres Sein. Dann gehst du durch das Feuer hindurch, und das Feuer brennt dich nicht. Und du gehst durch das Wasser hindurch, und das Wasser näßt dich nicht. Und warum ist dem so? Weil du befreit bist, und somit jenseits von Leben und Tod.

9

Ihr seid Buddhas

Die Menschen sind in ihrem tiefsten Wesen Buddha, das ist wie Wasser und Eis. Wie es kein Eis gibt ohne Wasser, so gibt es ohne Buddha nicht einen Menschen. Wehe den Menschen, die in weiter Ferne suchen und, was nahe liegt, nicht wissen. Sie gleichen denen, die mitten im Wasser stehen und doch nach Wasser schreien. Als Söhne des Reichsten und Vornehmsten geboren, wandeln sie gleichwohl in Armut und Elend trostlos dahin. Immer dunkler und dunkler wird es um sie im Dunkel des Irrtums. Wann sollten sie sich je lösen von Leben und Tod?

(Zen-Meister Hakuin, 18. Jh.)

Heute wollen wir uns einen Abschnitt von Zen-Meister Hakuins Preisgesang des Za-Zen anschauen. Hakuin war einer der bedeutendsten japanischen Zen-Meister und sein Zen weist eine große Ähnlichkeit mit dem der alten chinesischen Chan-Meister auf. Hakuin sagt:

Die Menschen sind in ihrem tiefsten Wesen Buddha.

Wir kommen immer wieder zurück auf unser Bild vom Meer und den Wellen. Das Meer ist Buddha, und die Wellen sind die einzelnen Wesen. Hakuin sagt: «Die Menschen sind in ihrem tiefsten Wesen Buddha», das heißt, jede Welle auf der Oberfläche des Meeres ist in ihrem tiefsten Wesen das Meer selbst. Und so sind alle Wesen im Grunde ihres Seins nichts anderes als die allem zugrundeliegende Wirklichkeit selbst.

Das ist wie Wasser und Eis. Wie es kein Eis gibt ohne Wasser, so gibt es ohne Buddha nicht einen Menschen.

Das Eis ist die abgesonderte Form, die Kristallisation des Wassers, und diese entspricht hier in Hakuins Preisgesang der menschlichen Persönlichkeit. Der Eisklumpen identifiziert sich mit seiner eigenen Form und meint: Das bin ich. Ich bin etwas ganz Besonderes. Ich schwimme zwar oben drauf auf dem Meer, habe aber mit dem Meer nichts zu tun. In dem Augenblick jedoch, wenn der Eisklumpen schmilzt und sich auflöst, erfährt er sich selbst als das Meer.

«Form ist Leere, und Leere ist Form», heißt es im *Prajnaparamita-Hridaya-Sutra,* das täglich in den Zen-Klöstern rezitiert wird. Alles – was es auch sei – ist das Eine ohne Zweites. Jede Dualität, jede Unterscheidung entspringt dem Nicht-Wissen, der konditionierten Tendenz des Verstandes, alles in Begriffen von richtig und falsch, gut und böse, ja und nein zu sehen – also als Gegensätze. Aber alle Gegensätze sind willkürliche Annahmen, denn alles ist das Eine. Es gibt nur die *Eine Wirklichkeit.* Und diese zu erfahren, nur darum geht es im Zen.

Wehe den Menschen, die in weiter Ferne suchen und, was nahe liegt, nicht wissen.

Du brauchst die Wahrheit nicht zu suchen, du brauchst nirgendwo hinzugehen, du brauchst gar nichts zu tun, sondern ganz im Gegenteil: Verweile im *Wu-wei,* dem Nicht-Tun, und im *Wu-nien,* dem Nicht-Denken.

Es ist eine bekannte Tatsache, daß man für alles, was man im

Leben erreichen will, auch etwas tun muß. Wenn man irgend etwas erreichen will, muß man Energie einsetzen – sei es zum Erlernen eines Berufes, zum Bauen eines Hauses oder wenn man sich nur ein Mittagessen zubereiten will. Doch jetzt geht es hier um die allerhöchste Wahrheit, und da heißt es: Du brauchst die Wahrheit nicht zu suchen.

In der Praxis des Tao Chan geht es in erster Linie um ein Loslassen, und somit um ein Sich-Einlassen auf das, was ist. Du kannst das Erwachen nicht machen, du kannst dich nicht selbst an den Haaren aus dem Sumpf ziehen. Die Erleuchtung *geschieht* dir. Sie geschieht, aber erst dann, wenn du losläßt, wenn du zu solch einem Loslassen kommst, daß dieses Loslassen kein Loslassen ist, das du «machst», sondern daß es ein Vergessen deiner selbst und aller Dinge ist.

Der Große Tod geschieht erst dann, wenn keiner mehr da ist, der sagt: Ich will loslassen und sterben – aber hoffentlich komme ich auch wieder zurück ins Leben. Denn solange du Angst hast und denkst, hoffentlich komme ich auch wieder zurück, solange du so denkst, wirst du dich nur im Kreis drehen und dich im Rankengewirr deiner geistigen Verwirrung verlieren. Hierbei kann alles mögliche geschehen. Du kannst die schönsten Visionen haben und dabei alle möglichen Dinge erleben, aber du wirst nicht an diesen entscheidenden Punkt kommen, an dem du dich wirklich radikal dem Abgrund des Göttlichen Seins überantwortest. Du wirst nicht an diesen Punkt kommen, an dem du herausstirbst aus dem *Samsara,* hinein in das Todlose, in die Wirklichkeit deines Wahren Seins.

In dem Augenblick, wenn du sagst, ich möchte mich auf das Todlose einlassen und hineinsterben in den Göttlichen Abgrund, aber hoffentlich komme ich auch wieder ins Leben zurück, das wäre genauso, als wenn eine Motte, die des Nachts fliegt, plötzlich ein großes Feuer sieht und sagt: «Oh, da fliege ich jetzt hinein – aber hoffentlich komme ich auch wieder zurück.» Du kannst die Wirklichkeit des Göttlichen Seins nur erfahren, indem du ganz hineinstirbst – radikal. Und das bedeutet, daß du zu einem radikalen, totalen Loslassen solcherart kommen mußt, daß es zu einem Vergessen deiner selbst und aller Dinge wird. Deshalb sage ich immer wieder: Mutig loslassen am Rande des Abgrunds. Wirf dich selbst in den Abgrund, voll Entschlossenheit und Vertrauen. Erst nach dem Tod beginnst du zu leben. Das allein ist die Wahrheit.

Wenn das geschieht, wenn du so radikal stirbst, in dem Augenblick wird «die Geburt Gottes in der Seele» stattfinden, und du wirst zu deinem wahren Zustand des unbegrenzten, erleuchteten Geistes erwachen. Du stirbst hinein, und derjenige, der sich dann wiederfindet nach dieser Erfahrung des Mystischen Todes – *meditatio mortes* –, der hat mit demjenigen, der er vorher war, nichts mehr, aber auch nicht das allergeringste zu tun. Der chinesische Zen-Meister Mumon (13. Jh.) beschreibt diesen unbeschreiblichen Zustand mit sehr kraftvollen Worten:

> Ihr werdet den Himmel in Staunen versetzen und die Erde erschüttern. Es wird sein, als hättet ihr das Schwert von General Kan an euch gerissen. Trefft ihr den Buddha, werdet ihr ihn töten. Begegnet ihr einem alten Meister, werdet ihr ihn töten. Am Rande von Leben und Tod werdet ihr euch vollkommener Freiheit erfreuen. In allen Bereichen des Daseins und der Lebensweisen werdet ihr euch in einem Samadhi unschuldigen Entzückens bewegen.

Wehe den Menschen, die in weiter Ferne suchen und das, was nahe liegt, nicht wissen. Sie gleichen denen, die mitten im Wasser stehen und doch nach Wasser schreien.

Ihr sucht in weiter Ferne nach der Wahrheit, das heißt, ihr sucht im Äußeren – da und dort. Doch Zen sagt: «Du brauchst das Schatzhaus nicht zu suchen, das Schatzhaus ist in dir.» Alles ist da. Du brauchst nirgendwo hinzugehen. Die Menschen, die in der Ferne suchen und das, was nahe liegt, nicht erkennen, gleichen denen, die mitten im Wasser stehen und doch nach Wasser schreien.

Wenn ich euch so anschaue, erlebe ich euch alle als die Widerspiegelung meines eigenen Seins. Dies ist die nicht-unterscheidende Klarschau der spiegelgleichen Weisheit. Denn alles ist das Eine. Es gibt keine Dualität. Es gibt kein Ich und kein Du. Denn du bist ich, und ich bin du; in unserem Selbst umfangen wir das All. Dualität ist immer Folgeerscheinung des Denkens, denn: «Wenn die Gedanken sich erheben, erheben sich alle Dinge; und wenn die Gedanken schwinden, schwinden alle Dinge.» Das heißt: Wenn die Gedanken sich erheben, erheben sich alle Geistesregungen, alle Formen, alle Erscheinungen, alle Gefühle, und somit alle Probleme –, und wenn die Gedanken schwinden, schwinden alle diese Phänomene.

Das wird oft falsch verstanden, so daß viele Zen-Praktizierende – speziell Anhänger der japanischen Soto-Schule – glauben, es gehe nur darum, auf dem Meditationskissen zu sitzen und immer nur zu sitzen und alles Denken auszuschalten. Sie halten die perfekte Körperhaltung mit kraftvoller Atmung für die Verwirklichung der Buddha-Natur. Und darum hört man oft: Sitzen wie ein aus Bronze gegossener Buddha, im einwandfreien Lotussitz – das ist Budda-Sein. Doch das ist ein großer Irrtum. Das hat mit der Sache überhaupt nichts zu tun. Die alten chinesischen Chan-Meister nannten dies «die Geisterhöhle des toten Zen». Dazu sagt der chinesische Zen-Meister Fo-yan (12. Jh.):

> Praktiziere nicht, indem du einfach nur dasitzt und von nichts Notiz nimmst, indem du stocksteif Geist und Körper unterdrückst, so daß sie wie Erde und Holz sind – das bringt nichts ein.
> Heutzutage gibt es viele Zen-Mönche, die einfach nur so dasitzen und dösen. Doch wie könnt ihr erwarten, durch bloßes Herumsitzen zur Einsicht zu gelangen?

In der lebendigen Zen-Praxis des Tao Chan geht es um etwas ganz anderes. Alle äußeren Praktiken sind hinführend und haben somit nur einen relativen Wert. In der *wahren* Zen-Praxis geht es vielmehr darum, daß ihr euch eures Wahren Wesens bewußt werdet – überall und ständig –, *mitten in der Welt,* in jeder Situation, bei allem, was ihr tut. Das ist *aktives* Zen. Darum nennen wir unser Zentrum ja auch: *Tao Chan Zentrum.* Tao heißt Weg, das bezieht sich auf den Weg, den man mitten in der Welt geht, und Chan heißt Versenkung – und das gehört beides zusammen. Und somit bedeutet Tao Chan: Meditation mitten in der Aktion wie auch in der Stille.

Alles ist da, überall offenbart sich die Göttliche Herrlichkeit, nichts fehlt. Macht eure Augen und Ohren auf, und ihr seid mittendrin.

Als Söhne des Reichsten und Vornehmsten geboren, wandeln sie gleichwohl in Armut und Elend trostlos dahin.

Ihr alle seid Söhne des Allerhöchsten, aber ihr habt es leider vergessen. Doch ich weiß, wer ich bin. Ich bin der Sohn Gottes. Jeder Erwachte, ob Buddha, Lao-tse, Huang-po, ob Jesus Christus, Meister Eckhart oder Bodhidharma, jeder von ihnen kann von sich sagen: «Der Vater und ich sind eins. Wer den Sohn sieht, sieht den Vater.» Doch ihr seid genauso Söhne und Töchter des Allerhöchsten. Und wenn ihr es nicht erlebt, weil ihr es vergessen habt und euch in diesem Vergessen von eurer Wirklichkeit entfernt habt, so daß ihr jetzt nur noch ein jämmerliches Schattendasein fristet –, wem wollt ihr dafür die Schuld geben? Ihr könnt niemandem die Schuld geben. Es geht auch gar nicht um Schuld oder nicht Schuld, denn wenn ihr jetzt lange anfangt zu überlegen, ob Schuld oder nicht Schuld, und denkt: Oh, ich habe mich abgesondert vom Göttlichen Licht. Ich habe mich verloren im Schattenreich, und oh und ei und uih –, in dem Augenblick vergeudet ihr nur unnötig wertvolle Energie. Dabei wißt ihr nicht einmal, ob ihr, wenn ihr ausatmet, noch einmal einatmen werdet. Mit anderen Worten: Da keiner weiß, wie lange er lebt, ist es viel wichtiger und absolut notwendig, daß man seine ganze Energie nimmt und auf das Selbst-Gewahrsein des Geistes zentriert, anstatt zu analysieren, warum alles so gekommen ist.

Nimm deinen Geist, wende ihn zurück, und schau auf dein Wahres Angesicht vor deiner Geburt. Alles andere ist unnötiger Energieverbrauch und eine unnötige Zeitverschwendung. Alles Analysieren manövriert dich immer mehr hinein in das Rankengewirr des *Samsara*. Doch gerade im Moment der größten Verwirrung kannst du vom Tod ereilt werden.

Also: Die Dinge sehen, wie sie sind – das ist die richtige Betrachtungsweise eines Zen-Praktizierenden, das ist der Weg zur vollendeten Klarschau. Klar erkennen und sich nicht verlieren in dies und das und jenes; kein Analysieren, kein Erwägen, warum das so ist und wie und was und wo. – HO!!! (Der Meister schlägt die Klanghölzer zusammen.) Alles abschneiden! Wach werden! Aus dem Grund wird der Schüler im Zen immer wieder geschockt. Er wird geschockt durch ein lautes «HO!!!» oder auch durch eine scheinbar ganz absichtslos gemachte Bemerkung, die den Schüler, der gerade in der

Anhaftung ist, trifft wie ein Hammerschlag. Jeder dieser Zen-Schocks ist ein Schlag mit dem Zen-Stock auf die Finger der Anklammerung. Du klammerst an deiner Vorstellung von Leben – «HO!!!», du klammerst an deiner Vorstellung von Tod – «HO!!!», du klammerst an deiner Vorstellung, was wohl sein wird, wenn du losläßt – «HO!!!»

Sowie du dir irgendein Bild, eine Vorstellung machst, hast du das Unaussagbare objektiviert, hast du die absolute, ungeborene Wirklichkeit, die du selbst bist, objektiviert und die dualistische Betrachtungsweise verstärkt. Und auf diese Weise wird sich der *Samsara,* der Kreislauf von Geburt und Tod, immer mehr verdichten. Deshalb sagt Zen-Meister Hakuin:

Immer dunkler und dunkler wird es um sie im Dunkel des Irrtums.

Je mehr du deine irrtümlichen Vorstellungen für Wirklichkeit hältst und die Erscheinungen einer äußeren Erscheinungswelt für wirkliche, objektive Gegebenheiten, desto mehr verlierst du dich im Leidensmeer des *Samsara.* Die äußeren Erscheinungen, das heißt die Phänomene des *Samsara,* gewinnen immer mehr an Faszination. Da dem so ist und du dich jetzt mittendrin siehst in diesen undurchdringbar festen, unumstößlichen Realitäten – die aber in Wirklichkeit nur «Pseudo-Realitäten» sind – bist du darin gefangen. Die Mauern deiner Konditionierungen werden immer dicker und dicker und undurchdringlicher. Und je mehr du dagegen anrennst, um so härter werden die Mauern, und du kommst nicht mehr raus aus deinem Gefängnis. Du kannst nicht herauskommen, weil dieses Herauskommen eines Tores bedarf, durch das du hindurchgehst. Da aber kein Tor vorhanden ist, spricht Zen vom «Torlosen Tor» *(Mumonkan).* Mit anderen Worten: «Zutritt nur durch die Wand.» Ja, nur durch die Wand, doch die Wand ist undurchdringbar. Also, was ist die Lösung des Problems? – HO!!! (Der Meister schlägt mit seinem Stock auf den Tisch.)

Du kannst nur heraussterben aus deinem selbstgeschaffenen Gefängnis. Du kannst nicht durch die Mauer hindurch, denn je mehr du an der Mauer kratzt, um so dicker wird sie. Du kannst auch nicht darüberklettern, denn je höher du kletterst, desto höher wird auch die Mauer. Du kannst nur heraussterben. Das ist der *einzige Weg!*

Wann sollten sie je sich lösen von Leben und Tod?

Je mehr ihr euch verstrickt in dieses Rankengewirr eurer selbstverursachten geistigen Verwirrung, desto mehr verstrickt ihr euch in den *Samsara,* in den Kreislauf von Geburt, Altern, Verzweiflung, Krankheit, Schmerz und Tod. Wann wollt ihr euch je davon lösen? Nun, was ist die Lösung? – HO!!! (Der Meister schlägt die Klanghölzer zusammen.) Stirb, während du lebst, und sei ganz tot; und dann tu, was immer du willst, und alles ist gut. Das ist die Lösung! Das ist *die Große Befreiung!*

10

Laß dich nicht verwirren

Wenn die Wahrnehmung von Gegenständen dich nicht blendet, siehst du, daß alle Dinge das Licht des Geistes sind. Wie der Adler erhebst du dich – über alle Grenzen hinaus, nirgends dich aufhaltend. Mit Klarheit, mit ungezwungen offenem Gewahrsein gehst du auf die Welt ein. (Zen-Meister Hung-chih, 12. Jh.)

Zen-Meister Hung-chih war einer der letzten großen chinesischen Chan-Meister der Song-Dynastie. Man sagt von ihm, daß er das Zen noch einmal zur Hochblüte brachte, quasi zu einem Abschluß des chinesischen Zen. Hung-chih sagt:

Wenn die Wahrnehmung von Gegenständen dich nicht blendet, siehst du, daß alle Dinge das Licht des Geistes sind.

Was heißt das, «wenn die Wahrnehmung von Gegenständen dich nicht blendet»? Geblendet sein heißt verwirrt sein durch die Erscheinungen der Sinneswelt. Wenn die Wahrnehmung von Gegenständen dich *nicht* verwirrt, wirst du erkennen, daß alle Erscheinungen der Geist selbst sind. Denn: «Alle Buddhas und alle lebenden Wesen, alle Dinge, alle Erscheinungen sind nichts als der Eine Geist, neben dem nichts anderes existiert.» Das ist eine grundlegende, überhaupt *die* grundlegende Aussage des Zen. In der Zen-Praxis geht es darum, zu einer Klarheit des Bewußtseins zu gelangen, die euch über die Illusion der Vielheit erhebt, so daß ihr immer mehr versteht und erlebt, daß alle Dinge, alle Erscheinungen, alles, was euch begegnet, der Eine Geist in der Erscheinungsweise dessen ist, was ihr wahrnehmt.

Der geistig Verblendete erlebt jedoch, bedingt durch seine dualistische Betrachtungsweise des Ergreifens und Verwerfens, nichts anderes als eine Welt seiner eigenen Projektionen. Auf diese Projektionen reagiert er dann mit Aggression. Und so kämpft er ununterbrochen gegen seine eigenen Projektionen, so wie Don Quichotte, «der Ritter von der traurigen Gestalt».

Don Quichotte, dessen Geist verwirrt ist, zieht auf Abenteuer aus. Er hält Bauernschänken für Ritterburgen und kämpft gegen Windmühlen, die er für Riesen hält. Überall sieht er Feinde, die aber nichts anderes als seine eigenen Projektionen sind. Und demzufolge kämpft er nur gegen seine eigenen Wahnideen.

Wer aber zum Gewahrsein des allem zugrundeliegenden Einen Geistes gelangt, verstrickt sich nicht mehr in das Rankengewirr seiner eigenen Projektionen. Er befreit sich von den Fesseln des unterscheidenden, begrifflichen Denkens und erhebt sich so über die Illusion einer vielheitlichen Welt. Er erlebt die Welt nicht mehr aus der begrenzten «Froschperspektive», aus der er gerade nur bis zum nächsten Stein sehen kann oder bis zum nächsten Grasbüschel und nicht weiß, was sich dahinter befindet. Sondern er erhebt sich hoch hinaus wie der Adler, der von oben alles als ein Zugleich sieht. Dies ist die multidimensionale Betrachtungsweise der vollendeten Klarschau, die Betrachtungsweise der Nicht-Unterscheidung.

«Wenn die Gedanken sich erheben, dann erheben sich alle Dinge; und wenn die Gedanken schwinden, dann schwinden alle Dinge», sagt Huang-po. Mit anderen Worten: Wenn der Geist sich bewegt, dann erheben sich alle Dinge; und wenn der Geist in sich ruht, dann schwinden alle Dinge. Wenn der Geist sich bewegt – was ist dieses Sich-Bewegen des Geistes?

Das Sich-Bewegen des Geistes ist die durch das Nicht-Wissen ausgelöste Beunruhigung auf der Oberfläche des Geist-Meeres. Auf diese Weise entstehen die Wellen des unterscheidenden Denkens als die Wirkungen. Diese Wirkungen sind aber zugleich wieder Verursachungen, denn wenn die Gedanken sich erheben, erheben sich auch die Gefühle, und wo Gefühle sich erheben, erheben sich wieder weitere Gedanken.

Gier, Haß, Verblendung, Neid, Zorn und Eifersucht sind nichts anderes als Folgeerscheinung der falschen Betrachtungsweise bedingt durch das unterscheidende, begriffliche Denken. Das unterscheidende, begriffliche Denken aktiviert die Tendenz des Ergreifens, und wenn das, was man ergreifen möchte, sich nicht ergreifen läßt, reagiert das Bewußtsein mit Aggression.

Man sieht es häufig in partnerschaftlichen Beziehungen, wenn zum Beispiel der eine ein erotisches Bedürfnis hat, dem der Partner nicht entspricht. Angenommen ein Mann hat das Bedürfnis mit seiner Frau zu schlafen, aber die Frau reagiert nicht gemäß seiner Vorstellung. In solch einer Situation kann das leidenschaftliche Begehren schnell umschlagen in Wut und Aggression; weil nämlich Begehren und Haß dieselbe Energie ist. Sonst könnte es ja nicht geschehen, daß die Tendenz des Ergreifens, des Haben-Wollens auf einmal umschlägt in das genaue Gegenteil – in Ablehnung. Beides hängt zusammen, weil beides aus dem «Nicht-Wissen» heraus resultiert, und somit vom Nicht-Wissen getragen ist und zu weiterem Nicht-Wissen führt.

Auf diese Weise verstrickt ihr euch, durch Begehren und Ablehnen, immer mehr in eure Wahnvorstellungen. Ihr träumt euren Traum einer vielheitlichen Welt, indem ihr alle begehrlichen Dinge in eurem Bewußtsein projiziert, sie dann zu ergreifen versucht und wenn sie sich nicht ergreifen lassen, mit Aggression und Ablehnung reagiert. In der Zen-Praxis geht es darum, daß ihr erkennt, daß jede Vielheit nur Illusion ist und daß wirklich nichts anderes existiert außer dem Einen Geist. Durch ernsthafte Zen-Praxis wird diese erst intellektuelle Einsicht so vertieft, daß sie zu einer *inneren Erfahrung* wird. Wenn die Bezeichnung «radikal empirisch» auf irgend etwas zutrifft, dann nur auf Zen. Zen ist in jeder Hinsicht eine reine Sache der Erfahrung. Dies zeigt uns auch die folgende Begebenheit.

> Als der chinesische Zen-Meister Ting eines Tages eine Brücke überquerte, begegneten ihm drei hohe buddhistische Gelehrte. Einer von ihnen fragte ihn: «Der Zen-Fluß ist tief, und sein Grund muß ausgelotet werden. Was bedeutet das?» Meister Ting packte den Fragesteller und war drauf und dran, ihn von der Brücke zu stoßen. Doch die beiden anderen Gelehrten fielen ihm in die Arme und baten ihn, ihren Freund loszulassen. Ting ließ den Gelehrten los und sagte: «Ich hätte ihn den Grund des Flusses *selbst* ausloten lassen.»

Zen ist eine reine Erfahrungssache, und somit eine Sache der inneren Erkenntnis. Denn wirkliches Erkennen heißt – danach handeln. Lao-tse sagt: «Wissen und nicht danach handeln ist Nicht-Wissen.» Wirkliches Wissen zeigt sich erst dann, wenn du auch wirklich danach handelst.

Es ist genauso, als würde einer sagen: Ich habe mich schon so oft bemüht, das Rauchen aufzugeben, aber ohne Erfolg. Und wenn ich dann zu ihm sage, du weißt doch, wie schädlich das ist, antwortet er: Klar weiß ich, wie schädlich das ist, aber ich habe mich schon so oft bemüht, es klappt einfach nicht. Dann kann ich immer nur sagen, du weißt es nicht, du weißt es wirklich nicht. Denn wenn du es wirklich wüßtest, würdest du auch aufhören mit dem Rauchen. Wissen und nicht danach handeln ist immer Nicht-Wissen.

Nun wollen wir wieder auf unseren Ausgangsgedanken zurückkommen. Alles ist der Eine Geist, und jede vielheitliche Wahrnehmung ist Illusion. Es ist von grundlegender Wichtigkeit, daß ihr euch wirklich bewußt werdet, daß es keine Vielheit gibt. Alles ist das Eine, das alles in sich beschlossen hält. Deshalb sagt Meister Eckhart: «Gott hat nur ein einziges Verlangen, und das ist, alles in sich zu einen und sich in allem zu erkennen und zu lieben.» Denn Liebe heißt: absolutes Einssein.

Im Buddhismus spricht man von *Maitri,* der allumfassenden Liebe, weshalb der Buddha der Zukunft *Maitreya,* der All-Liebende, genannt wird. Er verkörpert die Liebe, die nur darauf wartet, sich sofort zu aktivieren. Aus diesem Grund wird er auf einem Thron sitzend dargestellt, mit beiden Füßen auf dem Boden und nicht im Lotus-Sitz, mit übereinander gekreuzten Beinen. Er ist jederzeit bereit, die Liebe zu aktivieren, denn wirkliche Liebe ist immer aktiv. Liebe, die nicht aktiv ist, ist nur eine seichte «Gefühlsduselei» und hat mit wahrer Liebe nichts zu tun. Wirkliche Liebe ist immer aktive Liebe, weil sie stets bereit ist, sich selbst zu geben, ohne etwas zu verlangen. Wahre Liebe verlangt überhaupt nichts.

Wenn du zum Beispiel eine Blume, die auf der Wiese steht, wirklich liebst, dann hast du nicht das Verlangen, sie zu pflücken und mit nach Hause zu nehmen. Ganz im Gegenteil: Du möchtest der Blume *begegnen.* Aber um der Blume wirklich zu begegnen, mußt du dich selbst der Blume geben. Das heißt, du mußt dich selbst der Blume so schenken, daß du ganz – mit deinem ganzen Sein – mit der Blume eins bist. Dann wirst du erfahren, daß diese Blume dich anschaut und daß sie mit dir spricht. Dann wird dein Sein und das Sein der

Blume zu einem *einzigen* Sein und zu einem Umfangensein in der Liebe.

Die Liebe als wirkliche Begegnung findet immer nur dann statt, wenn es kein «ergreifendes Ego» gibt. Wer wirklich liebt, der wird erleben, daß wahre Liebe immer da erfahren wird, wo *nicht zwei* sich begegnen, sondern der andere als dir zugehörig erkannt wird. Du erlebst mit dem anderen ein solches Verbundensein, daß du ihn als Teil deiner selbst erfährst. Für einen Zen-Praktizierenden geht es jetzt aber darum, durch die Erkenntnis der Wesensgleichheit dieses Verbundensein auch dann zu erfahren, wenn der andere in seiner Verhaltens- und Denkweise nicht mir dir übereinstimmt. Denn: «Alles ist der Eine Geist, neben dem nichts anderes existiert.»

Je mehr ihr Gefangene der Illusion der Vielheit seid – und somit der Unterscheidung von Subjekt und Objekt –, desto mehr fühlt ihr euch getrennt von allem. Und je mehr ihr euch getrennt fühlt, desto mehr fühlt ihr euch verunsichert und bedroht. Auf diese Weise erhebt sich in euch die Tendenz, euch selbst zu behaupten, zu kämpfen und euch abzuschirmen – euch zu schützen vor den anderen. Dies kann sich dann steigern bis zur äußersten Aggression. Der ganze Grund zu diesem Verhalten liegt allein darin, daß ihr die Dinge falsch seht. Ihr habt eine falsche Vorstellung, die ihr auf alles draufprojiziert, und daraus resultieren dann Haß und Aggression als Folgeerscheinung des Nicht-Wissens.

Wer so in seinem Nicht-Wissen gefangen ist, für den ändert sich, wenn der Augenblick des Todes kommt und er in den Bardozustand eintritt, auch nicht viel: nur daß der Geist dann den Körper verläßt. Aber als Sklave seiner karmischen Triebkräfte reagiert er dann auf alle möglichen Erscheinungen und Phänomene, die er durch seine Tendenz des Annehmens und Verwerfens jetzt im Bardo projiziert. Auf diese Projektionen reagiert er dann wiederum in Form von Begehren, Verdrängen und Furcht. Und so hat sich gar nichts geändert – nur daß das ganze Schauspiel sich jetzt ohne physischen Leib abspielt. Irgendwann wird aber eine Wiedergeburt im Leibe stattfinden, so daß dieses ganze Schaupiel sich dann in der Illusion einer äußeren Erscheinungswelt wiederholt.

Es gibt nur eine einzige Lösung für dieses *Koan,* für dieses große kosmische Rätsel, und die ist: «Aufwachen!» Denn dieses *Koan* könnt ihr nicht durch intellektuelle Reflexion lösen, sondern nur, indem ihr euch als jene Wirklichkeit erkennt, die ihr selbst überdeckt habt durch eure eigenen Projektionen. Es ist so wie bei dem hochgelehrten Philosophen, der zu Zen-Meister Nansen kommt und sagt:

> «Meister, stellt euch vor, hier stünde eine sehr große Glasflasche mit einer Öffnung, gerade so groß, daß man ein Gänseei an einem Faden langsam runterlassen könnte. Nach einiger Zeit bricht das Ei auf, und es kommt ein Gänseküken heraus. Es wird immer größer und größer, und auf einmal ist da eine völlig ausgewachsene Gans in der Flasche drin. Nun möchte ich euch fragen, wie bekommt ihr jetzt diese Gans aus der Flasche heraus, ohne daß die Flasche kaputtgeht und ohne daß die Gans Schaden erleidet?» – Der Meister ist für eine Weile still... Plötzlich ruft er: «He, Philosoph!» – «Ja, Meister?» – «Schau, sie ist draußen!»

Der Philosoph hat sich bei diesem ganzen gehirnakrobatischen Gespinst, das er da verursacht hat, selbst zur Gans gemacht und sich in seine selbstgeschaffene Flasche hineinprojiziert. Es geht darum zu erkennen, daß die Flasche – das heißt eure selbstgeschaffenen Begrenzungen – nur eine Projektion des unterscheidenden, begrifflichen Denkens ist. Hört auf zu projizieren und seht die Dinge so, wie sie sind. Doch dazu ist geistiges Gewahrsein notwendig, das Gewahrsein des Buddha-Geistes, *Busshin,* das Gewahrsein eurer ursprünglichen Buddha-Natur.

Die Buddha-Natur von euch allen ist aber nur *eine einzige;* es gibt hier keine Ansammlung von vielen Buddha-Naturen. Es ist so, als ob jeder von euch jetzt einen Strohhalm nimmt und durch ihn hindurch zum Himmel hochschaut. Dann sieht jeder nur einen Teil des Himmels. Wenn ihr den Strohhalm aber fallen laßt, seht ihr – es ist alles das Eine. Und so gibt es nur eine einzige allumfassende Wirklichkeit, und diese Wirklichkeit ist leer – vollkommen leer, *sunyata.*

Jede Form, jede Erscheinung ist nichts anderes als diese Eine Wirklichkeit. Und so heißt es im *Prajnaparamita-Hridaya-Sutra,* dem Herzenssutra von der Vollkommenheit der Erkenntnis, das in den Zen-Klöstern täglich rezitiert wird: «Form ist nicht verschieden von Leere, und Leere ist nicht verschieden von Form. Form ist Leere, und Leere ist Form. Das gilt ebenso für Empfindungen, Wahrnehmungen, Geistesregungen und Bewußtsein.» Alles ist leer, und somit auch die fünf Elemente: Erde, Wasser, Feuer, Luft, Raum-Äther.

Wenn ihr hier sitzt, auf eurem Sitzkissen, es unter euch fühlt und ebenso den Boden unter euren Knien, dann ist das noch lange kein Beweis für das Vorhandensein von Materie. Denn diese Wahrnehmung von Widerstand ist nur ein Bewußtseins eindruck. Dieser Bewußtseinseindruck ist aber nur ein «geistiger Impuls», und somit ein rein geistiges Phänomen und keine materielle Gegebenheit. Ihr könntet ja auch jetzt in diesem Moment aufwachen und erkennen, daß dies alles nur ein Traum war. Alles, was ihr im Wachbewußtsein erlebt, alles – was es auch sei – könnt ihr genauso auch im Traum erleben. Alles ist unwirklich. Die Wirklichkeit liegt dahinter. Und das gilt es zu erfahren.

Jetzt kommen wir wieder einmal zurück auf den Ausspruch von Huang-po: «Wenn die Gedanken sich erheben, erheben sich alle Dinge; und wenn die Gedanken schwinden, schwinden alle Dinge.» Wenn die Gedanken sich erheben, erheben sich alle Dinge, und somit alle Probleme, weil die Gedanken eine Überschattung des allem zugrundeliegenden Selbst-Geistes sind. Dieser Selbst-Geist ist nichts anderes als «leuchtendes, klares Selbst-Gewahrsein». Da dem so ist, kann der Weg zur Erfahrung eures Wahren Seins nur der sein, daß ihr euch einübt in ein ständiges, ununterbrochenes Selbst-Gewahrsein des Geistes bei allem, was ihr tut. Dies kommt auch in einem alten buddhistischen Text des Mahamudra-Meisters Dhagpo zum Ausdruck:

> Gewöhne dich daran, den Geist zu betrachten. Wenn du darin geübt bist, deinen Geist im absichtslosen Gewahrsein zu betrachten, so daß Objekte und Geist nicht voneinander getrennt sind, erfährst du das nicht-dualistische Ursprüngliche Bewußtsein.

Gewahrsein des Geistes heißt aber nicht, den Geist kontrollieren, denn das wäre Zwang. Sondern es bedeutet, daß ihr in gelöster, entspannter Geisteshaltung im Gewahrsein des Geistes verweilt und seht, wo er anfängt zu projizieren. Daß ihr seht, wo ihr anfangt, unruhig zu werden, und Wellen auf der Oberfläche des Geistes entstehen. Zuerst sind es nur ganz kleine Wellen, die aber immer größer werden – und ehe ihr euch verseht, werdet ihr von ihnen fortgerissen.

Diesen ganzen Prozeß der Verselbständigung von Gedankenenergien könnt ihr zum Beispiel beobachten, wenn mehrere Personen an einem Tisch sitzen. Ihr Bewußtsein steht unter dem Zwang, immer aktiv zu sein. Ständig muß irgend etwas getan werden. Sie schauen unruhig in der Gegend herum, und es wird irgendwas gesagt, bloß um was zu sagen, denn viele Menschen denken, man kann ja nicht einfach nur so da sitzen und nichts sagen. Und so verlieren sie sich immer mehr im Nebensächlichen.

Wenn ihr jedoch bewußt seid, im Selbst-Gewahrsein des Geistes, dann könnt ihr einen ganzen Abend lang still zusammensitzen. Ihr werdet euch von innen her begegnen und euch von Herz zu Herz verständigen – jenseits aller Worte. Dann werdet ihr erfahren, daß euer Gespräch auf einmal eine ganz andere Dimension bekommt. Wenn ihr dann etwas sagt, hat das gleich ein spirituelles Niveau, und ihr gleitet nicht ab ins Nebensächliche, in dies und das und jenes, und was kochen wir morgen, und was schenke ich meiner Oma zum Geburtstag, und was weiß ich noch alles.

Das hellklare, ununterbrochene Selbst-Gewahrsein des aus sich selbst leuchtenden Geistes ist eure Wahre Natur. Und die gilt es *ununterbrochen* zu erfahren, das heißt nicht nur auf dem Meditationskissen, sondern *mitten in der Welt,* in jeder Situation, *überall.* Auch wenn ihr euch abends ins Bett legt: Seid euch vor dem Einschlafen bewußt, daß alles, was ihr im Traum erlebt, nur Bilder sind – alles ist leer, alles ist nur Projektion. Wenn ihr dann dahin gelangt, daß ihr dieses allem zugrundeliegende Gewahrsein ständig aufrecht erhaltet, überall und zu jeder Zeit, dann seid ihr wirklich auf dem Weg zur Erleuchtung. Dann seid ihr auch im Augenblick des Sterbens im Gewahrsein, und der Tod wird für euch eine große Gelegenheit zur Erleuchtung sein.

11

Stirb, ehe du stirbst

Die Wahrheit des Zen ist die Wahrheit über allen Gegensätzen, jenseits von Ja und Nein, von Erscheinung und Wirklichkeit. Dies wird in einem der bedeutendsten buddhistischen Texte, dem *Lankavatara Sutra,* sehr gut zum Ausdruck gebracht. Dort heißt es:

> Die «falsche Vorstellung» lehrt, daß Dinge wie Licht und Schatten, lang und kurz, schwarz und weiß verschieden seien und auseinandergehalten werden müssen. Aber in Wahrheit sind sie nicht unabhängig voneinander, sondern nur verschiedene Aspekte ein und desselben. Sie sind Ausdrücke von Beziehungen, nicht aber Ausdruck der Wirklichkeit. Daseinsbedingungen sind nicht von der Art, daß sie sich gegenseitig ausschließen. Im Kern sind die Dinge nicht zwei, sondern *eins.*

Alle Probleme, die ihr habt im täglichen Leben, alle eure inneren Spannungen, alle eure Projektionen sind nichts anderes als die Folgeerscheinung der Tendenz des Bewußtseins, alles zu unterscheiden und einander gegenüber zu stellen – richtig und falsch, gut und böse usw. Dies zeigt sich auch häufig in zwischenmenschlichen Beziehungen: Der eine sieht die Sache so, der andere sieht die Sache ganz anders. Daraus entstehen viele Mißverständnisse, aus denen sich dann alle Arten von Feindseligkeiten und Aggression erheben; denn die Welt der Gegensätze ist immer auch eine Welt der Konflikte. Aber Chuang-tse sagt: «Weit besser als jedem Ja des anderen ein Nein und jedem Nein des anderen ein Ja entgegenzusetzen, ist der Weg zur Erleuchtung.»

Ja und Nein, Bejahung und Verneinung sind Folgeerscheinung des Nicht-Wissens, so wie es sich im allgemeinen äußert. Solange ihr euch noch im Nicht-Wissen befindet und euch an euren eigenen Vorurteilen festklammert, seid ihr dazu verdammt, in der Zwangsjacke eurer Dualismen zu zappeln. Zen reißt euch heraus aus diesem Nicht-Wissen und befreit euch von allen euren Verwirrungen. Alle eure geistigen Verwirrungen ergeben sich meistens nur aus kurzen, vorübergehenden Situationen. Und doch bringen sie euch so aus dem Gleichgewicht, daß ihr euch verhaltet, als wäre jetzt alles schiefgegangen und als wäre auch in der Zukunft kein Licht mehr zu sehen. Und dann fangt ihr an zu jammern: Ei, jei, jei, welch ein Unglück, was mache ich nur? In solch einer Situation befand sich auch der Mönch im folgenden Mondo:

> Ein Mönch kam eines Tages zu Meister Hsing-hua und sagte: «Meister, ich bin sehr verwirrt und weiß nicht mehr ein noch aus. Ich kenne nicht den Unterschied zwischen schwarz und weiß.» Darauf sagte der Meister: «Was hast du gesagt? Tritt etwas näher heran und sprich lauter, denn ich höre heute schlecht.» Der Mönch folgte der Aufforderung des Meisters und trat näher heran und wiederholte seine Frage. Doch kaum hatte er ausgesprochen, gab ihm der Meister eine schallende Ohrfeige, so daß ihm Hören und Sehen verging. Dies

brachte den Mönch zur Einsicht, und er verbeugte sich tief vor seinem Meister.

Wenn ihr euch auf euch selbst besinnt, auf euren ursprünglichen Zustand des Geistes, auf euer Hier-Jetzt-Gegenwärtigsein, dann werdet ihr erkennen, daß jede Gegensätzlichkeit nur eine Folgeerscheinung des Nicht-Wissens ist.

Nichts ist wichtig angesichts der Gegenwart des Todes. Es ist ein riskantes Spiel, sich von der Verselbständigung der Gedanken und somit von seinen Gefühlen wegreißen zu lassen. Stell dir vor, daß du gerade in dem Augenblick, wo du dich einfach so treiben läßt von deinen Geistesregungen und Emotionen, wo du vielleicht voller Wut und geistiger Verwirrung bist, vom Tod ereilt wirst – das wäre ein großes Drama. Wer in dieser Verfassung stirbt, der befindet sich in solch einer trägen samsarischen Karma-Masse von aggressivem Stumpfsinn und starkem Anhaften an das Ich, das er zu verlieren fürchtet, daß es für ihn sehr schwierig sein wird, die Projektionen des verblendeten Bewußtseins im *Bardo* zu durchschauen. Nehmt die Sache nicht leicht. Nehmt die Sache wirklich ernst, ohne es euch schwer zu machen. Das heißt: Erkennt die Situation, wie sie ist, und schaut der Wahrheit ins Auge.

Die Wahrheit ist, daß jeder Tag der letzte sein kann in eurem Leben. Jede Stunde kann die letzte sein. Und wenn ihr jung seid, habt ihr keine Garantie, alt zu werden. Ihr braucht nur die Zeitung aufzuschlagen und die Todesanzeigen zu lesen, um festzustellen, wie unheimlich viele *junge* Menschen sterben. Also, ihr habt keine Garantie, daß ihr alt werdet. Wenn ihr euch aber ganz auf die Wahrheit des Zen einlaßt und euch wirklich ernsthaft bemüht auf dem geistigen Weg, habt ihr, wenn ihr noch nicht im Leben zur Erleuchtung gelangt seid, die Möglichkeit, im Augenblick des Sterbens zur Erleuchtung zu gelangen. Je weniger karmische Kräfte der Bindung im Augenblick des Todes vorhanden sind, um so größer ist die Möglichkeit zu einer besseren Wiedergeburt; und um so größer sind eure Aussichten auf eine endgültige Befreiung.

Der Sterbeprozeß ist eine große Gelegenheit zu erwachen, die sich um ein Vielfaches steigert, wenn ein erleuchteter Meister, der selbst schon durch den Tod hindurchgegangen ist, dir helfend zur Seite steht. Und wenn es dann nicht geschieht, hast du die Möglichkeit, daß du im nächsten Leben als ein Mensch wiedergeboren wirst, der den spirituellen Ruf in sich fühlt, so daß du auf dem geistigen Weg weiterschreiten kannst. Und vielleicht gelangst du dann im nächsten Leben zur Erleuchtung. Also ist alles daran gelegen, daß ihr die Sache nicht leicht nehmt. Ich möchte euch deshalb an die mahnenden Worte Buddhas an seine Jünger erinnern:

> Diese Welt geht vorüber, und alles, was wichtig ist, fliegt vorbei. Jeder muß aus seinem Traum erwachen. Es ist keine Zeit zu verlieren. Darum: Bemüht euch ohne Unterlaß.
> Unbeständig ist das ganze Dasein, wie Wolken im Herbst. Gleich einem Schauspiel sind Geburt und Tod auf der Bühne des Lebens. Wie ein Blitz am Himmel verfliegt das Leben, es fließt vorbei, wie ein Sturzbach den Berg hinabrauscht.

Alles ist daran gelegen, daß ihr die Sache nicht leicht nehmt. Aus dem Grund nehme ich auch nicht jeden als Schüler an, denn nur diejenigen, die es ernst meinen und wirklich entschlossen sind, alles auf eine Karte zu setzen, können meine Schüler sein. Mitläufer kann ich nicht gebrauchen. Darum fordere ich euch immer wieder auf, euch zu bemühen und euch wirklich ganz auf die Sache einzulassen. Und noch etwas sehr Wichtiges:

Bei allem, was ich sage von Radikalität und Tod, – vergeßt eins nicht: «Humor und Tod ergeben eine gute Mischung.» Vergeßt nicht die Freude und den Humor. Denn der Weg des Absterbenlassens all dessen, was mit deinem Wahren Sein nichts zu tun hat, ist keine traurige, sondern eine freudige Angelegenheit. Allen, die da herumschleichen mit Leichenträgergesichtern und meinen, sie wären auf dem geistigen Weg, denen kann ich immer nur sagen: Das muß aber ein trauriger geistiger Weg sein, den ihr da geht. Wenn Gott die Freude ist, wie es heißt in den Upanishaden – «Du bist Brahman, dein Wahres Wesen ist Freude» –, dann frage ich mich, was ist das wohl für ein geistiger Weg, den einer geht, wenn er die Backen hängen läßt bis runter auf den Boden? Das kann es doch nicht sein. Die Göttliche Wahrheit ist *Sat, Chit, Ananda:* absolutes Sein, absolutes Bewußtsein und absolute Glückseligkeit; Freude, Liebe, Fülle, Sein, Unsterblichkeit. Wie kann man da traurig sein, bloß weil man das Wort «Tod» im Kopf hat? Ich sage euch eins, und das solltet ihr euch gut einprägen, denn es ist sehr wichtig:

Das Wort Tod bedeutet etwas ganz, ganz anderes als das, was die meisten darunter verstehen. Denn der Tod als solcher existiert gar nicht. Jawohl, so ist es – es gibt keinen Tod in dem Sinne, wie die Menschen glauben. Der Tod ist nur ein *Übergang*. Es ist nur ein *Szenenwechsel*. Es ist nicht so, daß du stirbst und die Welt mit allem, was du liebst, zurückbleibt und du dich ins Nichts auflöst, – sondern es ist *genau umgekehrt*. Die Welt stirbt, mit allem, was dir vertraut ist. Die ganze Welt, alles, was dir lieb oder unlieb ist, alles, was du wahrnehmen kannst, alles löst sich auf; und jetzt kommt das Wesentliche – *«du selbst,* in deinem unsterblichen Wahren Sein, bleibst übrig». Das ist das Entscheidende. Alles fällt ab, und *du* bleibst.

Der Tod ist das Sich-Auflösen von allem, was dir vertraut ist. Doch nun gibt es zwei Möglichkeiten, dem Tod zu begegnen. Entweder du läßt willig und freudig los, voller Hingabe und Vertrauen, oder du klammerst fest, – dann wird dich der Tod gewaltsam herausreißen aus deiner Anklammerung. Aber die Tendenz des Anklammerns, die bleibt im Zwischenzustand zwischen Tod und Wiedergeburt bestehen und bestimmt alles, was dann geschieht.

Es gibt aber auch eine Möglichkeit, den Tod zu umgehen. Ein großes Geheimnis werde ich euch jetzt verraten. Jawohl, ein ganz großes Geheimnis. Und das ist: HO!!! (Der Meister schlägt die Klanghölzer zusammen.) «Stirb, bevor du stirbst!» Und wenn der Tod dann kommt am Ende des Lebens, kannst du sagen: «Tut mir leid, ich bin schon gestorben.» Wenn du einmal den mystischen Tod stirbst, solange du noch am Leben bist, wirst du erst wirklich leben und nie wieder sterben.

Denn was will der Tod machen, wenn er der Todlosigkeit begegnet? Was will er machen, wenn er ergreifen will, und du hast die Leere verwirklicht? Er greift ins Nichts. In dem Augenblick wird sich die unendliche Macht deiner Verwirklichung offenbaren, und du wirst zum Bezwinger des Todes. Aber um zu dieser Verwirklichung zu gelangen, ist es notwendig, daß du dich ganz auf die Wahrheit des Zen einläßt. Das ist der wahre Weg. Alles andere ist nur kostspieliger Luxus.

Visualisationstechniken, Niederwerfungen, Chakravisualisationen und viele andere Praktiken haben nur einen hinführenden und somit relativen Wert. Wenn ich euch jetzt alles das anempfehlen würde und obendrein noch das Studium von Büchern, um diese Techniken zu erlernen, dann könntet ihr mit Recht fragen: «Was ist aber, wenn ich vorher sterbe und das alles nicht gelernt habe?» Als eine junge Schülerin das erste Mal zu mir kam, sagte sie: «Immer, wenn ich ein dickes, spirituelles Buch lese, bekomme ich Angst, weil ich denke, wenn ich das jetzt lese, dann könnte ich ja sterben, bevor ich das Buch zu Ende gelesen habe und weiß, worauf es ankommt.» Das ist ein guter Gedanke. Deshalb empfehle ich nur ganz wenige Schriften, und zwar nur solche von wirklich erleuchteten Meistern. Es ist wichtig, daß ihr euch nicht den Kopf vollmacht mit dem intellektuellen Abfall von irgendwelchen «Pseudo-Meistern», mit dem Zen-Kauderwelsch von irgendwelchen «selbstgebackenen Möchtegern-Gurus». Ehrliche, aber naive geistig Suchende stehen heutzutage in großer Gefahr, solchen Blendern, deren esoterisches Gefasel nicht befreit, sondern fesselt, auf den Leim zu gehen. Doch zurück zum Thema.

Also, jetzt habe ich euch das Geheimnis verraten, in welcher Art ihr mit dem Tod zu verkehren habt: «Stirb, während du lebst, und sei ganz tot!» Mit den Worten des islamischen Mystikers Al Ghazali:

> In die Nacht mußt du dich stürzen,
> in die tiefste deines Nichts,
> wenn dir tagen soll ein Morgen
> in dem Glanz des höchsten Lichts.

So wird dein Hineinsterben in den Göttlichen Abgrund sich offenbaren als der Aufstieg über die dunklen Nebel der Erscheinungen in das klare Licht der Wirklichkeit. Du trittst ein in das Geburtlose, und somit in das Todlose. Das nennt man im Zen: *die Große Befreiung*. Dann offenbaren sich *Nirvana* und *Samsara* als die *Eine Wirklichkeit*. Jede Gegensätzlichkeit ist aufgehoben. Es gibt nur noch Polaritäten: sich ergänzende Entsprechungen. Leben und Tod werden dann für dich zur allumfassenden Ganzheit des Seins.

Samsara und *Nirvana,* das Leben mitten in der Welt und die Große Befreiung, alles ist eins. Denn wo du gehst und stehst, überall offenbart sich das herrliche Lotusland. Und somit verwandelt sich die ganze Welt für dich in ein herrlich strahlendes *Bodhimandala,* in ein wunderbares, multidimensionales Schaubild der grenzenlosen Erleuchtung. Ja, meine Lieben, laßt euch ganz darauf ein, und überantwortet euch dem Göttlichen Abgrund – und ihr werdet sehen, daß dem so ist, wie ich sage.

Es kann euch nichts passieren, wenn ihr loslaßt und euch der Quelle des Lebens überantwortet, aus der alle Glückseligkeit und Fülle des Seins emporquillt. Es kann euch nur etwas passieren, wenn ihr am Vergänglichen festklammert, wenn ihr festklammert am *Samsara,* dem Kreislauf von Geburt, Altern, Verzweiflung, Krankheit, Schmerz und Tod. Vergeßt niemals: Die Zeit harret nicht des Menschen. Der todbringende Dämon der Vergänglichkeit kann augenblicklich da sein und alle eure eitlen Hoffnungen zunichte machen. Ein tibetisches Sprichwort sagt: «Der morgige Tag oder das nächste Leben – wir wissen nie, was zuerst kommt.»

Viele Menschen, die sich eingestehen, daß sie einmal sterben müssen, glauben nicht, daß der Tod in der nächsten Stunde oder gar jetzt, in der nächsten Minute kommen kann. Doch ich sage euch: Wenn ihr ausatmet, wißt ihr nicht, ob ihr auch wieder einatmen werdet. Der tibetische Mystiker Milarepa sagt:

> Solange du stark und gesund bist,
> denkst du nie an kommende Krankheit;
> mit jäher Wucht aber trifft sie
> wie ein Blitz dich aus heiterem Himmel.
> Beschäftigt mit weltlichen Dingen,

denkst du nicht an das Nahen des Todes;
geschwind aber kommt er wie der Donner,
der um dich wütet und tobt.

Wer die Wahrheit seines Sterben-Müssens verdrängt, der bleibt in seinem Nicht-Wissen gefangen, so daß er dem Oberflächensog dieser Welt anheimfällt. Wer so lebt, als gäbe es keinen Tod, dem bleibt das tiefe Geheimnis seines Seins verborgen. Wer nur das Überdauernde sucht und den Tod nur als bloßen Widerspruch zu seinem raum-zeitliches Leben mißversteht, der findet auch keinen Zugang zum Wahren Leben, das sich hinter der Wahrheit des Todes verbirgt. Nur derjenige, der nicht seinen Kopf in den Sand steckt, sondern sich auf den Tod einläßt, kann das Große Leben fühlen, auf das der Tod schon hinweist. Für ihn wird der Tod zu einem guten Freund und Wegbereiter auf seinem Weg zu einem höheren Leben.

Von außen gesehen ist der Tod das Ende allen Seins, doch aus der inneren Klarschau des Geistes ist er ein *Anfang*. In rechter Weise verstanden ist der Tod das große Loslassen, das Sich-Einlassen und somit das *Sich-eins-werden-Lassen* mit der ewig selbst-seienden Urwesenheit des Göttlichen Seins.

Wenn ihr wirklich bestrebt seid, euch aus dem Leidensmeer des Samsara zu befreien, dann ist es unumgänglich notwendig, daß ihr euch ganz auf die Wirklichkeit von Leben und Tod einlaßt. Denn erst in eurer Loslösung von der unterscheidenden Betrachtungsweise von Sein oder Nicht-Sein gelangt ihr über jede Form von Dualismus und somit über den Gegensatz von Leben und Tod hinaus. Leben und Tod können nicht voneinander getrennt gesehen werden. Das Leben bedingt den Tod, und der Tod bedingt das Leben. Die ganze Rätselhaftigkeit und Geheimnisfülle des Lebens gründet in dieser seiner

Verschwisterung mit dem Tod. Das eine ist im anderen enthalten, und so durchdringen sich beide gegenseitig.

Alles Neuwerden setzt ein Entwerden, alles Aufgehen ein Untergehen voraus. Demzufolge sind Leben und Tod nichts anderes als zwei verschiedene Erscheinungsweisen ein und desselben Vorgangs, so wie Ein- und Ausatmung; so daß jeder Anfang als Ende und jedes Ende als Anfang gelten kann. Der in der Erleuchtungserfahrung durch die Pforte des Todes und der Wiedergeburt hindurchgegangene Befreite hat die *untrennbare Einheit* beider erfahren, so daß der Tod für ihn seinen Schrekken verloren hat. Diese Unerschütterlichkeit im Angesicht des Todes zeigt uns Hui-neng, der sechste Patriarch des Zen.

> Als Hui-neng alt geworden war, sagte er zu seinen Mönchen: «Versammelt euch um mich. Ich habe beschlossen, diese Welt zu verlassen.»
> Als die Mönche dies hörten, weinten sie alle. «Um wen weint ihr?» fragte der Meister. «Seid ihr in Sorge um mich, weil ihr meint, ich wüßte nicht, wohin ich gehe? Wenn ich es nicht wüßte, könnte ich euch nicht in dieser Weise verlassen. Worüber ihr eigentlich weint, ist, daß ihr nicht wißt, wohin ich gehe. Wenn ihr es wüßtet, könntet ihr gar nicht weinen, weil ihr euch dann bewußt wäret, daß die Wahre Natur weder Geburt noch Tod kennt, weder Kommen noch Gehen.»

Der zur Wirklichkeit seines Wahren Seins Erwachte befindet sich jenseits von Leben und Tod, so daß für ihn die Frage von «Sein oder Nicht-Sein» ihre Bedeutung verloren hat. Er steht in der großen Bejahung und Fülle des Lebens, da er durch sein Hineinsterben in den «Abgrund des Göttlichen Nichts» seine Neugeburt als Erwachter aus dem Traum des Kreislaufs von Geburt und Tod erfahren hat.

12

Der Weg und das Ziel sind eins

«Der Weg und das Ziel sind eins», heißt es im Zen. Du brauchst nirgendwo hinzugehen. Das Tao liegt direkt unter deinen Fußsohlen. Mach deine Augen auf und sei gegenwärtig! Sei bewußt bei allem, was du tust, hier-jetzt! Wenn du wirklich gegenwärtig und bewußt bist, dann versäumst du auch nicht das, was jetzt hier in *diesem* Augenblick stattfindet. Und was findet hier statt? – HO!!! – ein Donnerschlag bei klarem blauen Himmel. Mit den Worten Meister Eckharts: «Die ständige, ununterbrochene Geburt Gottes in der Seele.» Das ist es. Meister Eckhart sagt in seiner Weihnachtspredigt: «Was nützt es mir, wenn man am heutigen Tag die Geburt Gottes feiert, daß Gott, unser Herr vor 1300 Jahren in Bethlehem im Stall geboren wurde, was nützt mir das, wenn diese Geburt nicht hier-jetzt in *mir* stattfindet?»

Und das heißt: Wenn du mit deinem ganzen Sein, mit Körper, Atem und Geist jetzt hier bist, dann wirst du auch das erfahren, was sich jetzt hier ereignet. Wenn du wirklich gegenwärtig bist, dann nimmst du das wahr, was jetzt hier, in diesem Moment geschieht. Wenn du jedoch im Morgen bist und schaust in die Zukunft – voller Hoffnung und Furcht, dann bist du nicht im Hier und Jetzt. Dann kannst du nicht das erkennen, was jetzt ist. Wenn du in der Vergangenheit bist, in der Erinnerung – sei sie negativ oder positiv – und du bist jetzt nicht hier, dann kannst du das nicht wahrnehmen, was sich jetzt hier in diesem Augenblick offenbart. Denn in jedem Augenblick, ständig, ohne Unterbrechung offenbart sich die Wirklichkeit eures ursprünglichen Angesichtes vor eurer Geburt.

Der chinesische Zen-Meister Nansen wurde einmal von einem Schüler gefragt: «Was ist der wahre Weg?» Und er antwortete: «Der alltägliche Weg ist der wahre Weg.» Du brauchst dich nicht auf irgend etwas Besonderes einzustellen. Verliere dich vor allem nicht in irgendwelchen komplizierten oder aufwendigen spirituellen Techniken. Zen sagt: Versenke dich in das, was du bist, das heißt, es geht im Zen um ein ständiges Sich-Versenken in die Wirklichkeit deines ungeborenen, todlosen Seins. Aber das kannst du nicht machen, indem du die Welt ausschaltest und sagst: So, nun ziehe ich mich zurück und sitze nur noch in meinem Kämmerchen in heiliger Meditation.

Mitten in der Welt leben und doch frei sein von der Welt, darum geht es. Das ist das wahre ursprüngliche Zen – *Tao Chan* –, das mitten in der Welt bei allen täglichen Verrichtungen gelebt wird. Deshalb sagt der chinesische Zen-Meister Fo-yan (12. Jh.):

> Wenn du Farben siehst und Laute hörst, ist dies eine Zeit der Verwirklichung. Wenn du ißt und trinkst, ist auch dies eine Zeit der Verwirklichung.
> All dies sind Gelegenheiten der Verwirklichung bei allen täglichen Verrichtungen.

«Der alltägliche Weg ist der wahre Weg.» Das Alltägliche, das ganz Banale, was es auch sei, was du auch gerade tust, wenn du dich da hinein versenkst und ganz damit eins bist, dann wird alles zu einer Erfahrung deines Wahren Seins. Denn mitten in der Welt, mitten in den Dingen offenbart sich die Wirklichkeit des Einen Geistes.

Doch in dem Augenblick, wenn du etwas hörst von diesem Alltäglichen, von diesem totalen Entspannt- und Gelöst-Sein, von diesem Ganz-natürlich-Sein, sagst du – das ist es –, und dann willst du es «machen». Und sofort hast du nur noch eine Perfektion im Kopf, du willst perfekt sein, und sowie du perfekt sein willst, wirst du zum Roboter. Du wirst unnatürlich und verlierst deine Spontanität, und so geschieht genau das Gegenteil von dem, was du erstrebst. Im Zen, zumindest in seiner reinen, ursprünglichen Form des *Tao Chan,* geht es niemals um ein «Machen», sondern immer nur um ein *Sich-Einlassen* auf das, was ist.

Im allgemeinen haben geistig Suchende die Vorstellung, Spiritualität «machen», das heißt aktivieren zu müssen. Sie hören, daß der alltägliche Weg der wahre Weg ist, und schon erhebt sich in ihnen die Frage: Wie kann man diesen Weg erlernen? Und dann denken sie an verschiedene spirituelle Praktiken und das Studieren philosophischer Schriften. Doch Zen ist jenseits aller Worte. Es hat den Menschen keine Lehrsätze und auch sonst nichts zu geben, weshalb ich immer wieder sage: Je mehr du lernst, desto mehr kommst du vom wahren Zen-Weg ab. Für die meisten Menschen ist dies eine vollkommen unverständliche Aussage, denn im alltäglichen Leben gilt: «Je mehr einer lernt, um so mehr weiß er.» Aber ich sage euch: Wenn ihr euch noch so den Kopf voll macht mit allen möglichen Philosophien und Zen-Schriften – die Wahrheit des Zen läßt sich so nicht erfassen. Dies bezeugen auch die Worte des Zen-Meisters Huang-po:

> «Den Weg erforschen» ist nur eine Redensart. Es ist ein Mittel, um auf frühen Entwicklungsstufen das Interesse der Menschen zu wecken. Tatsächlich ist der Weg nichts, das erlernt werden kann. Lernen führt zum Festhalten an Begriffen, und dies ist ein völliges Mißverständnis des Weges.

Je mehr Wissen ihr aufhäuft, desto weiter entfernt ihr euch von der Wahrheit des Zen, und zum Schluß seid ihr nur noch lächerliche Gehirnakrobaten. Dann gleicht ihr dem großen buddhistischen Gelehrten Te-shan (9. Jh.).

Bevor Te-shan auf den Zen-Meister Lung-tan traf, erwarb er sich öffentliche Anerkennung durch seine Gelehrsamkeit. Er wurde zu einer Autorität in der Auslegung des Diamant-Sutras. Als er hörte, daß im Süden Chinas Zen-Buddhisten Einfluß gewannen und die «Übertragung ohne Schriften und ohne Verlaß auf Buchstaben» lehrten, war er als Wissenschaftler von großem Zorn erfüllt. «Ich werde diese Zen-Teufel aus ihrer Höhle treiben und ausrotten!» rief er aus. Und so machte er sich, bewaffnet mit allen seinen Aufzeichnungen über das Diamant-Sutra, auf den Weg. Im Süden Chinas angelangt, ging er in das Kloster des berühmten Zen-Meisters Lung-tan. Doch tief getroffen von der geistigen Größe und Ausstrahlungskraft dieses Meisters, gab er sein Vorhaben auf und wurde dessen Schüler.

Einmal verbrachte er zusammen mit seinem Meister den Abend. Als es dunkel wurde, sagte der Meister zu Te-shan: «Es ist spät geworden, du solltest besser nach Hause gehen.» Te-shan verabschiedete sich und ging hinaus. Er kam aber schnell wieder zurück mit den Worten: «Es ist draußen so dunkel.» Da zündete der Meister eine Kerze an und reichte sie ihm. Als Te-shan seine Hand nach der Kerze ausstreckte, blies der Meister sie plötzlich aus. Im selben Augenblick erlangte Te-shan die große Erleuchtung.

Am nächsten Morgen nahm er alle seine philosophischen Aufzeichnungen über das Diamant-Sutra und verbrannte sie vor dem Kloster und rief: «Alles Wissen und Lernen ist, verglichen mit der Tiefe der höchsten Erfahrung, wie ein Tropfen, der in den unendlichen Abgrund fällt.»

Also, je mehr Wissen ihr aufhäuft und glaubt, auf diese Weise die Erkenntnis jenseits aller Worte «erzwingen» zu können, desto mehr entfernt ihr euch von der Wahrheit des Zen. Die höchste Wahrheit liegt jenseits allen begrifflichen Denkens. Deshalb verwenden die alten chinesischen Tao Chan Meister den Ausdruck «Wu-nien», das heißt «Nicht-Denken». Dieses Wu-nien steht im engsten Zusammenhang mit der Geisteshaltung des «Wu-wei». Beide sind so miteinander verschwistert, daß das eine ohne das andere nicht denkbar ist.

Man darf aber auf keinen Fall den Fehler machen, dieses Nicht-Tun des Wu-wei mit einem passiven, absoluten Nichtstun zu verwechseln. Unter *Wu-wei* haben wir vielmehr eine im höchsten Grade wirksame Geistesverfassung zu verstehen, aus der jede Aktion zu jeder Zeit möglich ist. Wu-wei bedeutet demzufolge eine Haltung spontanen, absichtslosen Handelns, das der jeweiligen Situation angepaßt ist. Also, Nicht-Tun und es geschehen lassen.

Deshalb sagt Zen: «Suche es nicht, nenne es nicht, lerne es nicht.» Denn wenn du es suchst, wenn du das suchst, was dein Wahres Sein ist, was stets gegenwärtig ist, was *in* dir ist und worin du ruhst, wenn du das «suchst», entfernst du dich nur davon. Wenn du es nennst, es begrifflich einordnest, hast du nur eine Vorstellung. Diese Vorstellung ist eine objektive Gegebenheit, die du betrachtest – und dann hast du einen «gedachten» Gott. Aber ein gedachter Gott ist nur ein Gott, solange du an ihn denkst, und demzufolge ist er nichts weiter als ein Gedanke. Denn in dem Augenblick, wenn du ihn nicht mehr denkst, ist er nicht mehr vorhanden.

Sei weit und offen wie der Himmel, nicht konditioniert, nicht angespannt und ohne Ziel. Im Zen sagt man: *Mushotoku* – ohne Ziel und Streben nach Gewinn. Denn wenn du voll Begehren ein Ziel verfolgst und den Gewinn dabei im Auge hast, das *Satori,* die Erleuchtung, dann machst du das Ziel zum Objekt. Und je mehr du diesem Ziel nachrennst, desto weiter entfernst du dich davon. Du wirst es niemals ergreifen können. Es ist so, als ob du deinem eigenen Schatten hinterherläufst. Sei weit und offen wie der grenzenlose Himmel, das heißt: Sei vollkommen leer, nicht konditioniert, sei vollkommen offen für das, was ist.

Vollkommen klar sein, wach sein. Alles ist da. Keinem von euch fehlt auch nur das allergeringste. Jeder von euch ist ein vollendeter Buddha – aber leider nur schlafend. Und jetzt geht es darum, daß ihr aus eurem Traum aufwacht und erkennt, was ihr seid. Daß ihr euch nicht mit dem identifiziert, was ihr träumt. Nicht daß es euch so geht wie Chuang-tse, der auf einer Wiese liegt und träumt und als er aufwacht sagt: «Ich, Chuang-tse, träumte, ich sei ein bunter, hin- und herflatternder Schmetterling. Doch jetzt frage ich mich: Träumte ich, Chuang-tse, ich sei ein bunter, hin- und herflatternder Schmetterling, oder träumt jetzt der Schmetterling, er sei Chuang-tse?» Also, aufwachen! Alle Traumbilder loslassen und hellklar dessen gewahr sein, was ist.

Seht die Dinge, wie sie sind, und laßt euch durch nichts irritieren. Seid keine Gefangene eurer Traumbilder, die ihr für Wirklichkeit haltet, sondern seid vollkommen klar mitten in der Welt. In dem Augenblick, wenn ihr euch mitten im *Sam-*

sara, in diesem alltäglichen Leben des Göttlichen Seins bewußt seid und erkennt, daß es keine Vielheit gibt, daß alles nur Traumgebilde ist, in dem Augenblick werdet ihr die Wirklichkeit eures Wahren Seins erleben. Dann seht ihr, daß der *Samsara* kein Leidensmeer ist, sondern nur eine Überdeckung der Wirklichkeit.

Es ist so wie bei unserem Beispiel von der Schlange und dem Seil. Ihr seht abends in der Dämmerung auf dem Weg eine große Schlange liegen und rennt weg. Am Morgen kommt ihr zurück und seht – oh, da liegt ja nur ein Seil; da war ja gar keine Schlange. Aber eure Angst, eure Konditionierung hat auf dieses Seil eine gefährliche Schlange projiziert. Das kann so weit gehen, daß ihr seht, wie die Schlange sich bewegt, wie sie zischt und wie sie euch verfolgt. Das könnt ihr alles erleben. Je größer die Angst, desto größer die Projektion.

In dem Augenblick, wenn ihr klar schaut, wenn ihr bewußt und achtsam seid und die Dinge so seht, wie sie sind, in dem Augenblick offenbart sich das alltägliche Leben in der Welt als das *Sukhavati*-Paradies des Buddha Amitabha, des Buddhas des grenzenlosen Lichtes. Dann seid ihr mittendrin in dem herrlichen Paradies. Denn dieses Paradies ist nicht etwas, das sich irgendwann offenbart und das sich irgendwo befindet. Wo soll das Paradies auch schon sein? Raum ist Illusion, Zeit ist Illusion. Das Paradies kann nirgendwo anders sein als da, wo du jetzt bist. Nur weil du die Wirklichkeit eben da, wo du dich gerade befindest, verfehlst und dich nicht darauf einläßt, obwohl sie sich direkt vor dir befindet, bist du nicht in der Lage, sie zu erfahren. Deshalb entstanden all die verschiedenen religiösen Denksysteme mit ihren klugen Darlegungen. Diese sind aber nur wie tröstende Mittel, mit denen man kleine Kinder vom Quengeln abhält.

Alles ist da – nichts fehlt. Es geht nur um eine *Umstellung des*

Bewußtseins. Nur so übersteigst du dieses gewohnte, alltägliche «Affenbewußtsein», das von einer Willensregung zur anderen springt, weil es unruhig ist, wenn es nichts zum Festhalten hat. Ständig muß irgend etwas ergriffen werden. Im Buddhismus symbolisiert der Affe das unruhige Bewußtsein. Aus diesem Grund sieht man in der Ikonographie des *Bhava-Chakra,* dem großen Lebensrad des Buddhismus, wie der Affe an einen Baum gefesselt ist, so daß er sich nicht mehr bewegen kann.

Sobald das Bewußtsein zur Ruhe kommt, wird der Geist still. Wenn die Tendenz des Ergreifens und Verdrängens nicht mehr als der bewegende Wind über die Oberfläche des Bewußtseins-Sees hinwegweht und die abertausend Wellen verursacht, in dem Augenblick wird die Oberfläche ruhig und still. Dann kannst du in der vollendeten Klarschau des unbewegten Geistes hinunterschauen auf den Grund des Sees, und du erkennst dein Wahres Angesicht vor deiner Geburt. Diesen geheimnisvollen heiligen Schatz, den es zu heben gilt, den kannst du aber nur erkennen, wenn du nicht mehr herumwühlst im See des Bewußtseins, so daß sich abertausend Wellen erheben und der ganze Schlamm hochkommt. Still mußt du sein. «Vom Ziel weggehen, um ans Ziel zu gelangen», sagen die alten Taoisten. In dem Augenblick strahlt dein Wahres Angesicht vor deiner Geburt in seiner ganzen Herrlichkeit auf.

Es geht nur darum, daß ihr euch als das erfahrt, was ihr im Grunde eures Wesens seid. Ihr habt eine Unmenge von Vorstellungen von der Wirklichkeit eures Wahren Seins, aber ich sage euch immer wieder: «Alles begriffliche Denken ist eine irrtümliche Meinung.» Und so sind alle diese Vorstellungen nichts als Traumgebilde. Also seid still und bleibt in absichtsloser Gelassenheit. Seid leer, nicht konditioniert. Seid wie der reine, klare Spiegel, der die Dinge, so wie sie sind, widerspiegelt. Erkennt, daß all das nur auf der Oberfläche des Geistes geschieht und mit eurem Wahren Sein nicht das allergeringste zu tun hat.

Sei weit und offen wie der grenzenlose Himmel, und du bist auf dem Weg. Dann ereignet sich der Donnerschlag bei klarem blauen Himmel, und die grenzenlose Herrlichkeit deines Wahren Seins offenbart sich. Dein Wahres Auge ist geöffnet, und gleich einem von den Toten Auferstandenen wirst du in Lachen ausbrechen und in die Hände klatschen vor Entzücken. In diesem Augenblick erkennst du, daß dein eigener Geist und die grenzenlose Weite des Einen Geistes *eins* sind.

Dann offenbart sich das ganze Universum als deine eigene Wirklichkeit, als ein einziges allumfassendes Ganzes, das alles in sich beschlossen hält.

Ein Buch von kompromißloser Geradlinigkeit und spiritueller Strahlkraft

Wolfgang Kopp
BEFREIT EUCH VON ALLEM
Ein radikaler Wegführer im Geiste des Zen und der christlichen Mystik
216 Seiten, Ganzleinen
ISBN 3-7157-0144-7

Ein großer spiritueller Lehrer unserer Zeit zeigt in diesem außergewöhnlichen Buch einen konsequenten, aber sicheren Weg zur Selbstfindung. Dieses Buch bedeutet für viele ernsthaft geistig Suchenden die Erfüllung eines lang gehegten Wunsches.

Der Titel «Befreit Euch von allem» entstammt einem Ausspruch des chinesischen Zen-Meisters Huang-po (9. Jh.). Dieser Ausspruch wie auch das «Stirb und Werde» der christlichen Mystik bilden den Kerngedanken dieses Buches. Es wendet sich an all jene ernsthaft geistig Suchenden, die das aufrichtige Verlangen nach konsequenter, aber sicherer spiritueller Führung haben. Wer es zur Hand nimmt, wird bald spüren, daß es nicht bloß gelesen, sondern gründlich durchdacht und gelebt sein will. Und wer sich ganz auf dieses Buch einläßt, wird am Ende ein anderer sein, als er zu Beginn der Lektüre war.

Das Buch möchte helfen, die innere Quelle zu finden. Sein Anliegen ist, den Wahrheitssuchenden zu jenem außergewöhnlichen Schauungserlebnis hinzuführen, wo Buchwissen durch Erfahrung, Gelehrsamkeit durch die Weisheit des Herzens und Glauben durch die Erleuchtung des eigenen Geistes ersetzt wird.

Aus der Fülle seiner Erfahrung als als praktizierender Meditationsmeister schöpfend, versteht es der Autor in einzigartiger Weise, den Leser Schritt für Schritt auf dem geistigen Weg zu führen, wobei er anhand zahlreicher Beispiele die großen Meister des Zen und der christlichen Mystik selbst zu Wort kommen läßt.

Trotz der vielen spirituellen Bücher der letzten Jahre fehlte bisher eines, das die notwendige Konsequenz des geistigen Weges mit solch einer kompromißlosen Geradlinigkeit und spirituellen Strahlkraft aufzuzeigen vermag wie das vorliegende!

Ein einzigartiges Buch
von großer praktischer Weisheit

Wolfgang Kopp
ZEN
Jenseits aller Worte
Unterweisungen eines westlichen Zen-Meisters
Ganzleinen mit Schutzumschlag, 130 Seiten
ISBN 3-7157-0166-8

Dieses außergewöhnliche Buch entstand durch die Aufzeichnung einer Reihe von Vorträgen eines großen westlichen Zen-Meisters unserer Zeit. Seine aufrüttelnden Worte sind an all jene gerichtet, die ernsthaft an geistiger Verwirklichung interessiert sind.

Wie die alten chinesischen Ch'an-Meister lehrt Wolfgang Kopp ein sehr direktes, kraftvolles Zen. Er vermittelt weder ein theoretisches System noch einen einseitigen Sitzdogmatismus.

Wolfgang Kopp geht es einzig und allein um unsere Befreiung von alten Verhaltensmustern und Denkmodellen und letztlich um die Erleuchtung des Geistes. Mit allen Mitteln bemüht er sich um unsere Erweckung aus dem Schlummer der Gewohnheit. Denn Gewohnheit, welcher Art auch immer, hindert uns am unmittelbaren Erleben der Wirklichkeit. Auf jeder Seite des Buches zeigt uns der Meister den Spiegel unseres Wahren Seins, und wir erkennen darin unsere stets gegenwärtige Buddhanatur, unser ursprüngliches Erleuchtetsein.

Kopps humorvolle und zugleich kraftvolle, direkte Art der Vermittlung verleiht seinen Vorträgen eine ungeheure Lebendigkeit. In jedem Satz spürt man die Verwirklichung eines Erwachten. Seine energiegeladenen Worte sind erfüllt von solch einer geistigen Kraft, daß sie uns treffen können wie ein Blitz. Dabei weist er darauf hin, daß die Wahrheit nicht durch Worte ausgesagt werden kann – daß sie «jenseits aller Worte» ist. Worte sind jedoch Wegweiser, ebenso wie der Finger, der zum Mond weist.

Ein Buch von unschätzbarem Wert für all jene, die es ernst meinen mit dem Weg zur Befreiung. Wer sich wahrhaft um Erleuchtung des Geistes bemüht, der kann kaum ein besseres Buch finden.

Das Tao-Te-King des Lao Tse ist erstmals durch einen zeitgenössischen Mystiker klar und verständlich übertragen worden und vermag auch den mystischen Gehalt des Werkes zu erfassen.

LAO TSE
TAO-TE-KING
Das heilige Buch vom Tao und der wahren Tugend

Neu übertragen und mit einer Einführung versehen von
Wolfgang Kopp

Ganzleinen mit Schutzumschlag, 108 Seiten
ISBN 3-7157-0114-5

Lao Tse lebte im 6. Jh. v. Chr. in China. Sein Bestreben war, sich im Verborgenen zu halten und namenlos zu bleiben. Erst auf die Bitte eines Grenzwächters hin brach er sein Schweigen und verfaßte ein Buch mit 5000 Schriftzeichen: das Tao-Te-King. Dann zog er, auf einem Wasserbüffel reitend, von dannen. Niemand weiß, wo er geendet...
Das Tao-Te-King des Lao Tse ist ein Juwel östlicher Weisheit und zugleich eines der bedeutendsten und meistübersetzten Bücher der Weltliteratur. Man kann sich heute keinen an östlicher Religion und Philosophie Interessierten vorstellen, dem dieses Buch unbekannt wäre.

Trotz der vorhandenen großen Auswahl von Übersetzungen fehlte bislang eine Ausgabe wie die vorliegende, die bei strenger Wahrung des Sinngehalts die mystische Aussagekraft des Werkes zum Ausdruck bringt.

Die Übertragung von Wolfgang Kopp stellt eine erstaunliche Leistung dar. Keinem anderen als einem erleuchteten Mystiker unserer Tage konnte es gelingen, sich in den erleuchteten Geist des Lao Tse hineinzuversetzen, um, aus derselben Quelle wie der Meister vor 2500 Jahren schöpfend, die Wahrheit des Lao Tse neu zu offenbaren.

Ein Buch von einzigartiger Kraft und Schönheit der Sprache!